인공지능
✦ 세상에서 ✦
주인공
되기

오카지마 유시 감수
성재복 옮김

시작하며

우리 주변에는 디지털 기술이 가득합니다. 검색하는 데 사용하는 컴퓨터와 스마트폰, 지하철을 타고 물건을 살 때 사용하는 IC카드, 그리고 공부할 때 이용하는 태블릿도 그중 하나예요. 디지털 기술이 발전할수록 세상은 점점 편리해지고 있어요.

이 책은 여러분이 디지털 기술을 잘 '사용하는' 것뿐만 아니라, 그 원리를 이해해서 새로운 기술을 '만들' 수 있도록 응원하기 위해 만들어졌어요. 여러분이 상상하는 미래가 이루어지고, 여러분의 꿈과 아이디어들이 우리 생활 속에서 실현된다면 정말 기쁘지 않을까요?

디지털 시대의 미래예상도

컴퓨터가 사람처럼 행동하고 일해요

질병을 발견하고, 수술을 하고, 택배를 배달하는 등, 이제까지 컴퓨터가 할 수 없다고 생각했던 분야에서 AI가 대활약을 하게 될 거예요.

범죄도 늘어나요

디지털 기술로 세상이 편리해지면 디지털을 이용한 범죄도 늘어나요. 범죄로부터 자신을 지키기 위한 '정보 보안'에 대해서도 알아둬야 해요.

물건과 물건이 연결돼요

IoT(사물인터넷)를 이용해, 인간을 거치지 않고도 물건들끼리 서로 소통할 수 있게 되었어요.

디지털 시대의 미래 예상도

AI, IoT(사물인터넷), 메타버스는 미래를 비추는 희망의 빛이에요. 그리고 이것들을 가능하게 하는 것이 바로 '프로그래밍'이고요. '정보 보안'도 이런 디지털 기술을 사용하는 데 있어서 빠뜨릴 수 없는 요소입니다. 디지털 기술이 발전한 미래를 상상해 보세요. 잘 떠오르지 않는다고요? 괜찮아요. 지금부터 천천히 알아가면 되니까요!

'또 하나의 세계'로 이사 가요

인터넷상의 신세계 '메타버스'에서 취미나 일을 포함한 모든 활동이 현실보다 자유롭게 이루어지게 될 거예요.

프로그래밍으로 하고 싶은 것을 모두 해요

모든 디지털 기술은 '프로그램'으로 되어 있어요. 프로그래밍 원리를 배운 사람이라면 환상적인 디지털 기술들을 이용해 만들고 싶은 것을 마음껏 만들 수 있어요.

007

AI란 무엇일까?

AI(Artificial Intelligence)란 쉽게 말해 사람처럼 생각하고 사람처럼 행동하도록 만들어진 컴퓨터예요. 우리말로는 '인공지능'이라고 불러요. 학습을 계속해서 똑똑해진 AI가 이미 여러 분야에서 활약하고 있답니다.

자세한 내용은 **1장**(37페이지~)으로! ➡

선생님이 되어줘요
AI가 한 명 한 명의 성적을 분석해서 그 사람에게 딱 맞는 공부법을 알려주거나, 영어 회화의 연습 상대가 되어 주기도 해요.

얼굴을 구분해요
얼굴의 특징을 학습한 AI는 사람을 구분할 수 있어요. 스마트폰이나 건물 출입구의 잠금을 푸는 데 사용하고 있어요.

외국어를 번역해요
AI는 한국어를 외국어로, 외국어를 한국어로 번역해줘요. 그것도 순식간에요.

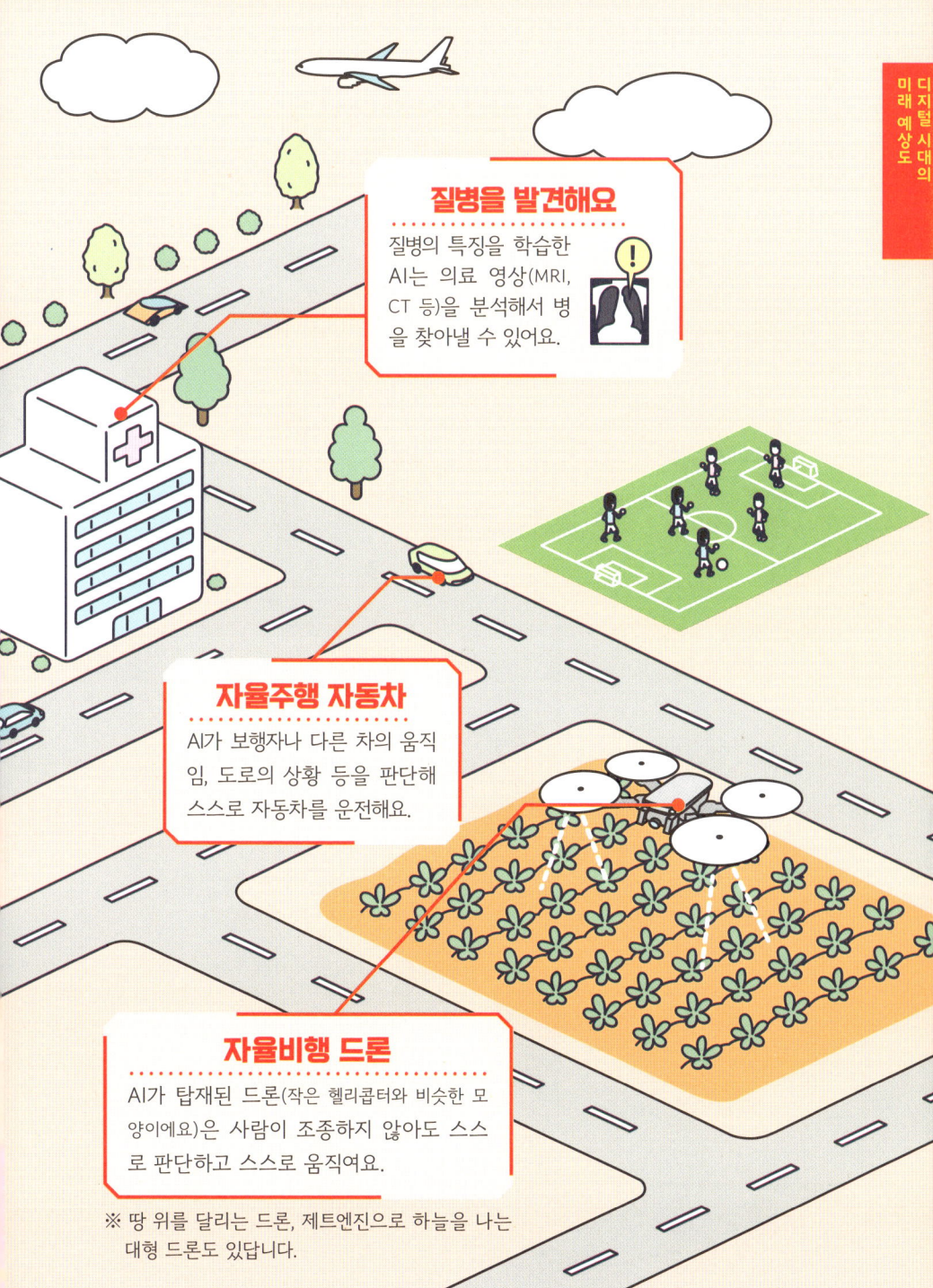

IoT란 무엇일까?

우리나라에서는 IoT(Internet of Things)를 '사물인터넷'이라고 불러요. 인간을 거치지 않고, 물건과 물건이 인터넷으로 연결됨으로써 생활이 더욱 편리해지는 거죠. 디지털 시대에는 모든 물건을 인터넷에 연결해 사용하는 것이 당연한 일이 될 거예요.

자세한 내용은 **2장**(61페이지~)으로! ➡

움직임을 기록하는 축구공
축구공에 달린 센서가 슛의 속도, 공이 날아가는 궤적 등의 정보를 축구팀의 컴퓨터로 보내서 연습에 활용해요.

도로를 점검하는 자동차
자동차 타이어에 달린 센서가 도로의 손상된 부분을 찾아내서, 교통 기관의 컴퓨터에 보내요.

강을 감시하는 카메라
강의 수위나 오염 상태 등을 수집해서, 환경 기관의 컴퓨터에 보내요.

디지털 시대의 미래 예상도

밖에서도 끄고 켜는 에어컨
외출했을 때도 인터넷을 통해 가전제품의 전원을 켜고 끌 수 있고, 에어컨 온도 조절 등도 할 수 있어요.

건강을 지켜 주는 손목시계
몸의 활동을 점검해서 인터넷을 통해 의료 기관 등의 컴퓨터에 보내면, 건강 상태에 대해서 알려줘요.

원두가 배달되는 커피 메이커
커피 메이커에 원두가 다 떨어져 가면, 인터넷을 통한 장보기로 원두가 자동으로 주문됩니다.

청소 상황을 알려 주는 청소기
집안 곳곳을 자동으로 청소해 주는 로봇 청소기가 청소에 걸린 시간이나 더러워지기 쉬운 곳 등의 정보를 알려줘요.

검색을 해주는 '스마트 스피커'
직접 검색하지 않아도 돼요. 묻기만 하면 바로 정보를 알려주니까요.

오늘의 날씨는?

맑은 뒤 흐림입니다

011

메타버스란 무엇일까?

메타버스(Metaverse)란 우리가 사는 현실 세계와는 다른 '가상 세계'라고 할 수 있어요. 인터넷상에 만들어진 또 하나의 세상이죠. 그곳에서는 현실에서는 할 수 없는 체험을 자유롭게 즐길 수 있어요.

자세한 내용은 **3장**(81페이지~)으로! ➡

현실의 세계
지금 우리들이 살고 있는 세상

정보 보안이란 무엇일까?

디지털 기술은 편리하지만, 한편으론 나쁘게 이용하려는 사람들이 많아요. 게다가 생각지도 못한 함정도 있어요. 디지털 시대를 살아가려면 나의 소중한 것들을 지키기 위한 '정보 보안'에 대해 꼭 알아두어야 한답니다.

자세한 내용은 **4장**(103페이지~)으로! ➡

프로그래밍이란 무엇일까?

프로그래밍이란 '프로그램을 만드는 일'이에요. 그렇다면 '프로그램'은 뭘까요? 인간의 입장에서 컴퓨터가 해주기 바라는 일(지시 사항)을 써놓은 거예요.

자세한 내용은 **5장**(129페이지~)으로! ➡

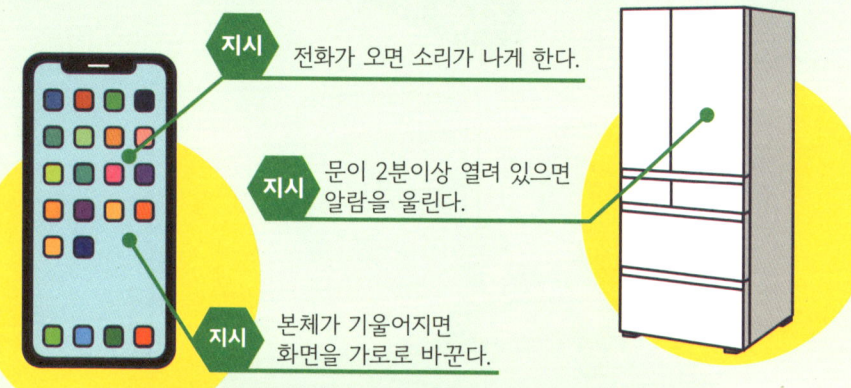

- **지시** 전화가 오면 소리가 나게 한다.
- **지시** 문이 2분이상 열려 있으면 알람을 울린다.
- **지시** 본체가 기울어지면 화면을 가로로 바꾼다.

> **프로그램 = 컴퓨터에게 내리는 지시**
> 냉장고, 세탁기, 신호등, 스마트폰 모두 사람이 만든 프로그램에 따라 움직이고 있습니다.

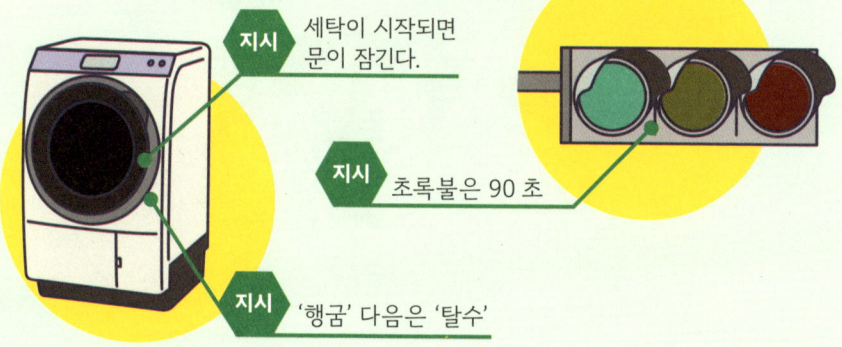

- **지시** 세탁이 시작되면 문이 잠긴다.
- **지시** 초록불은 90초
- **지시** '행굼' 다음은 '탈수'

컴퓨터를 움직이기 위해서는

① '무엇을 하고 싶은지'를 정해요

우선 '무엇을 하고 싶은지'를 정한 다음, 컴퓨터에게 어떤 지시를 내려야 할지 생각해야 해요. 이것이 프로그램의 기본이 되는 아주 중요한 단계예요.

디지털 시대의 미래 예상도

② 프로그램을 만들어 컴퓨터에게 지시해요

컴퓨터에게 무엇을 시킬지 정리되었다면, 지시가 담긴 프로그램을 만들어 컴퓨터에게 전달해야 해요.

③ 컴퓨터가 지시대로 움직여요

컴퓨터는 사람이 만든 프로그램에 따라 움직인답니다. ①에서 정한 '무엇을 하고 싶은지'의 내용이 컴퓨터에게 얼마나 잘 전달되었는지가 중요해요.

차례

시작하며 ··· 004

디지털 시대의 미래 예상도 ···················· 006

AI란 무엇일까? ·· 008

IoT란 무엇일까? ·· 010

메타버스란 무엇일까? ··· 012

정보 보안이란 무엇일까? ··· 014

프로그래밍이란 무엇일까? ··· 016

Chapter 0 | 0과 1로만 이루어진 신비로운 세계! 디지털의 기본

| 01 | 디지털의 원리는 주사위를 던져 보면 알 수 있어요! ········ 024
| 02 | 컴퓨터의 머릿속에는 0과 1밖에 없어요 ·························· 026
| 03 | 디지털 데이터는 간단히 복사할 수 있어요! ··················· 028
| 04 | 좀 외로웠어요! 혼자였던 옛날의 컴퓨터 ························ 030
| 05 | 네트워크와 네트워크를 연결하니 인터넷이 되었어요! ···· 032

| 06 | 클라우드 덕분에 모두가 편리한 기능을 쓸 수 있어요 | 034 |
| QUIZ | 디지털의 기본 '복습 퀴즈' | 036 |

Chapter 1 | 인간의 일이 없어진다고!? AI

01	AI에는 '강한 녀석'과 '약한 녀석'이 있어요	038
02	AI의 공부하는 방법은 크게 두 가지로 나눠져요!	040
03	인간의 뇌와 똑같다고? 진화한 AI의 공부법	042
04	AI는 처음 하는 일에는 매우 약해요	044
05	그림이나 문장을 만들어주는 AI가 등장했어요!	046
06	대화할 수 있는 AI는 정말 말뜻을 알아듣는 걸까?	048
07	점점 진화하고 있는 자율주행 자동차	050
08	정답이 없는 문제에 AI는 어떻게 대답할까?	054
09	AI에게 거짓말을 가르치면 어떻게 될까?	056
10	AI가 정말 사람의 일을 빼앗을까?	058
QUIZ	AI '복습 퀴즈'	060

Chapter 2 | 모든 것을 인터넷에 연결해요
IoT

01	주변의 다양한 물건들이 센서가 되고 있어요	062
02	축구 공에도 센서가 들어 있어요!	064
03	이동통신이 진화하면 IoT가 더욱 발전할 수 있어요	066
04	IoT는 3단계를 거쳐 점점 발전해 나가고 있어요	068
05	쌀알보다도 작은 센서를 온 지구에 흩뿌린다고!?	070
06	데이터의 힘으로 야구의 작전도 바뀌었어요!	072
07	신발에서 수집한 데이터를 의사가 사용한다고?	074
08	IoT가 모은 데이터는 누구의 것일까?	076
09	인간의 뇌가 인터넷에 직접 연결된다면...	078
QUIZ	IoT '복습 퀴즈'	080

Chapter 3 | 인터넷상에 펼쳐지는 '또 하나의 세계'
메타버스

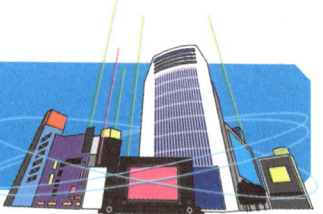

01	익숙했던 풍경이 확 바뀌어요! 메타버스 삼총사	082
02	VR을 이용하면 얼마나 신나는 일이 벌어질까?	084
03	현실과 디지털이 합쳐지는 AR과 MR로 무엇을 할 수 있을까?	086

04	하늘을 날고 거대해지고… 생각대로 이루어지는 세계!	088
05	다양한 친구들이 모이는 수많은 메타버스가 존재해요	090
06	이미 메타버스를 체험하고 있을지도 몰라요	092
07	놀이, 일, 공부까지! 메타버스 안에서 살아가는 미래	094
08	메타버스에 현실의 거리가 등장하기 시작했어요!	096
09	게임과 애니메이션은 메타버스 세상에 딱 맞아요	098
10	AI가 진화하면 메타버스도 점점 더 발전해요!	100
QUIZ	메타버스 '복습 퀴즈'	102

Chapter 4

디지털 세계에는 범죄도 많아요!
정보 보안

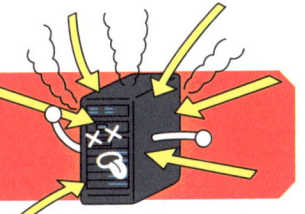

01	중요한 정보를 가지고 있으면 그것 자체로 위험해요!	104
02	범죄자들은 다양한 방법으로 공격을 시도합니다	108
03	공격에는 '무차별 공격'과 '표적형 공격'이 있어요!	110
04	디지털 기술을 사용하지 않는 공격에도 주의합시다	112
05	비밀번호를 노리는 사람은 늘 우리 옆에 있어요!	114
06	이상한 낌새가 느껴진다면 바로 격리하세요!	118
07	자동차가 갑자기 폭주한다고? IoT 시대에 숨겨진 위험	120
08	벽을 세워서 외부의 공격을 막아요	122

09	외부뿐만 아니라 내부도 믿을 수 없다고요!?	124
10	정보 보안을 지키는 사람에게 상금을 줍니다!	126
QUIZ	정보 보안 '복습 퀴즈'	128

Chapter 5
컴퓨터를 마음대로 움직여보자!
프로그래밍

01	컴퓨터 프로그램은 '운동회 프로그램'과 비슷해요	130
02	자세하게 지시하지 않으면 컴퓨터는 움직이지 않아요!	132
03	정사각형을 그려 달라고 할 때는 어떻게 지시해야 할까?	134
04	컴퓨터와 대화할 때는 특별한 언어를 사용합니다	136
05	프로그래밍 언어에는 많은 종류가 있어요	138
06	블록 쌓기처럼 간단한 프로그래밍 언어도 있어요	142
07	왜 모두가 프로그래밍을 배워야 하는 걸까?	144
08	마법 같은 기술도 모두 프로그램으로 되어 있어요	148
09	프로그래밍 실력을 갈고 닦으면 세상을 바꿀 수 있을까?	150
QUIZ	프로그래밍 '복습 퀴즈'	152

찾아보기 ·········· 153
'복습 퀴즈'의 정답 ·········· 155
참고문헌 ·········· 156

Chapter 0

0과 1로만 이루어진 신비로운 세계!
디지털의 기본

디지털 시대에 대해 공부하기 전에,
컴퓨터나 디지털 기술이
어떤 원리로 작동하는지 알아봅시다.

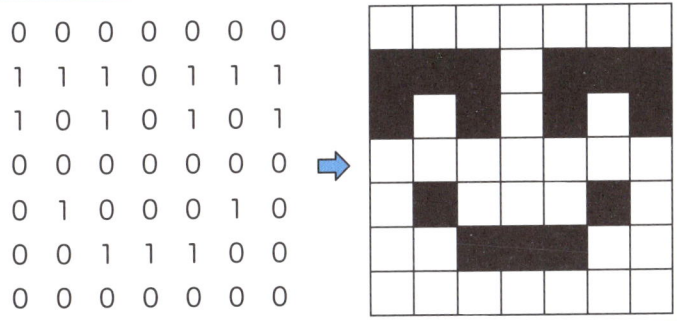

▶ Chapter 0-01
디지털의 원리는
주사위를 던져보면 알 수 있어요!

아날로그가 연속된 데이터를 다루고 있다면, 디지털은 일정한 간격으로 띄엄띄엄 떨어져 있는 데이터를 다루고 있어요. 어렵다고요? 우리 주변에 있는 디지털 원리를 이용한 물건들을 살펴보면 바로 이해가 될 거예요.

⊕ 주사위의 눈은 띄엄띄엄 데이터

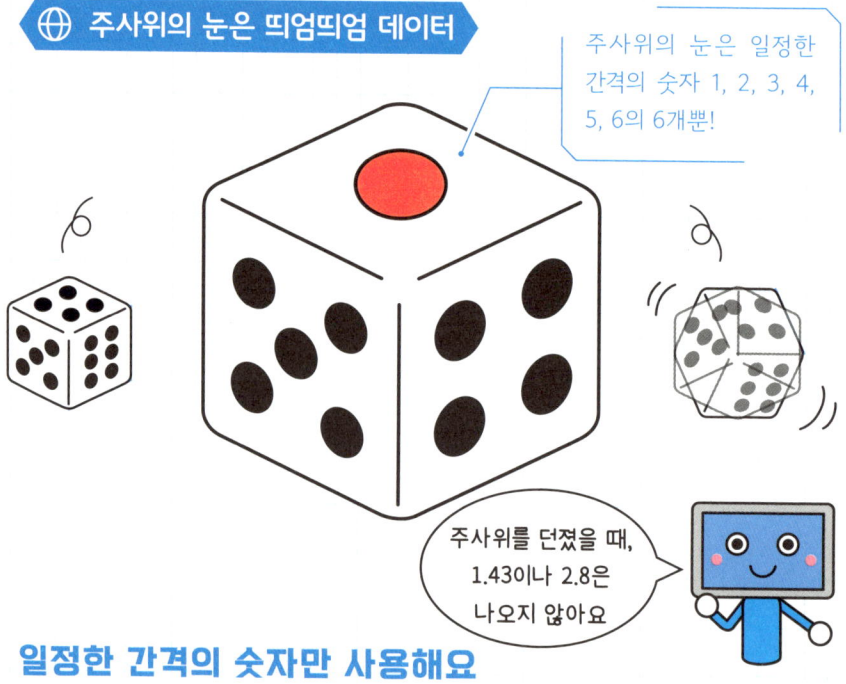

주사위의 눈은 일정한 간격의 숫자 1, 2, 3, 4, 5, 6의 6개뿐!

주사위를 던졌을 때, 1.43이나 2.8은 나오지 않아요

일정한 간격의 숫자만 사용해요

손가락으로 숫자를 셀 때 어떻게 하나요. 하나, 둘, 셋, 넷... 하면서 손가락을 하나씩 접지요? '디지털'이란 말은 라틴어 '디지투스'에서 왔는데 '손가락'이란 뜻이에요. 디지털 세계에서는 이렇게 일정한 간격으로 떨어진 숫자를 사용해요. 주사위의 눈과 같이 간격이 일정하고 숫자로 구분되는 데이터만 다루고 있답니다.

우리 주변의 '아날로그'와 '디지털'

우리가 매일 사용하는 물건 중에서 아날로그와 디지털을 비교해볼게요. 바로 시계예요. 디지털 시계는 10시 9분, 10시 10분처럼 시간을 1분 단위로 나눠서 표시해요(물론 1초 단위로 표시할 수도 있어요). 그런데 초침이 달려 있는 아날로그 시계를 생각해보세요. 초침이 시계판을 움직이는 동안의 모든 시각이 표시되는 거라 할 수 있어요.

데이터를 표시하는 방법이 달라요

디지털이 아날로그보다 좋을까?

아날로그와 디지털은 데이터를 다루는 방식이 다를 뿐이지, 좋고 나쁘고의 문제가 아니에요. 각기 장점이 있으니까요. 예를 들어 디지털 방식의 CD로 음악을 들으면 잡음 없이 깨끗하고, 아날로그 방식의 레코드판으로 들으면 섬세하고 자연스럽답니다.

Chapter 0-02
컴퓨터의 머릿속에는 0과 1밖에 없어요

컴퓨터는 모든 정보를 0과 1이라는 두 개의 숫자로 기록해요. 이를 '2진법'이라고 합니다. 우리는 현실 세계에서 0부터 9까지의 숫자를 사용하는데 이것은 '10진법'이라고 불러요.

🌐 **사과 3개는 어떻게 셀까?**

인간이 사용하는 '3'은 컴퓨터 세계에서 '11'로 표시됩니다.

10진수	0	1	2	3	4	5	6	7	8	9	……
2진수	0	1	10	11	100	101	110	111	1000	1001	

인간이 쓰는 10진수도 2진수로 표시할 수 있어요

0과 1만 사용하는 컴퓨터의 머릿속에는, 인간이 사용하고 있는 '2'나 '3' 같은 숫자가 없어요. 2나 3을 표시하고 싶을 때는 0과 1의 조합으로 이루어진 2진수를 쓴답니다. 어떤 수라도 0과 1로 나타낼 수 있어요.

0과 1만으로, 그림과 소리를 만들 수 있어요

컴퓨터는 이미지나 동영상, 음악 등도 0과 1의 조합으로 만들어요. 컴퓨터가 그림의 데이터를 표시할 때에는 그림1과 같이 해요. <u>예를 들어 '0의 칸에는 흰색을 칠하고, 1의 칸에는 검은색을 칠해줘'라고 지시하면 흑백의 그림을 표시할 수 있어요.</u> 그림2와 같이 음악도 소리의 파동을 숫자로 바꿔서 표시할 수 있답니다.

⊕ 0과 1로 그림과 소리 표시하기

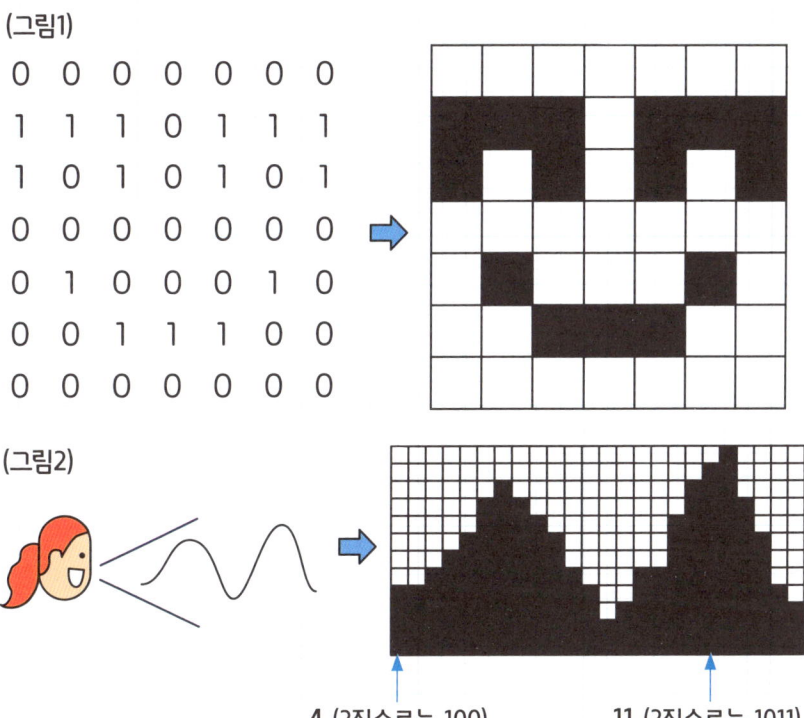

(그림1)

```
0 0 0 0 0 0 0
1 1 1 0 1 1 1
1 0 1 0 1 0 1
0 0 0 0 0 0 0
0 1 0 0 0 1 0
0 0 1 1 1 0 0
0 0 0 0 0 0 0
```

(그림2)

4 (2진수로는 100)   11 (2진수로는 1011)

 1과 0은 스위치 온(On)과 오프(Off)

컴퓨터가 데이터를 처리하는 방법은 간단해요. 전류를 흐르게 하는 스위치를 켰다 껐다 반복하는 거예요. 스위치를 켰을 때가 1, 스위치를 껐을 때가 0입니다.

Chapter 0-03
디지털 데이터는 간단히 복사할 수 있어요!

종이에 그려진 그림이나 책을 복사하는 것은 쉽지 않고, 또 완벽하게 복사하기도 어려워요. 하지만 디지털 데이터는 한순간에 완벽한 복사가 가능합니다.

아날로그와 디지털의 복사

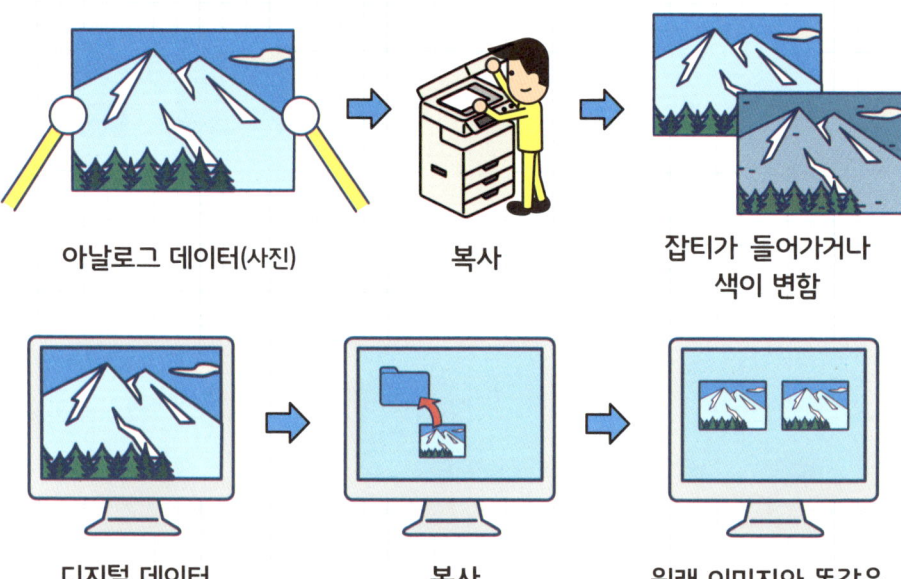

완벽하게 똑같은 데이터를 만들 수 있어요

종이의 사진을 복사기로 복사하면, 원래의 사진과 색깔이 다르거나 잡티가 들어간 채 복사될 때도 있어요. 하지만 디지털 이미지라면 0과 1의 숫자들로 이루어진 데이터 묶음을 그대로 복사할 수 있어요. 이물질이 들어가거나 어떤 부분이 달라질 일이 없다는 거예요.

휴대가 간편한 것도 디지털의 장점

전자책

두꺼운 책 여러 권을 들고 다니려면 무척 힘들겠죠? <u>그런데 디지털 데이터로 만들면 스마트폰 한 대에 쏙 들어가니까 쉽게 가지고 다닐 수 있어요.</u> 디지털 데이터로 만든 책을 '전자책'이라고 해요.

자신의 책장을 그대로 옮겨 놓은 듯이, 읽고 싶은 책을 언제 어디서나 읽을 수 있어요.

언제까지나 새것 그대로

아날로그 데이터를 기록하는 데 사용하는 종이나 카세트 테이프※ 같은 것들은 시간이 지나면 망가지게 돼요. <u>디지털 데이터로 바꿔서 잘 관리한다면 중요한 데이터를 새것 그대로의 상태로 보존할 수 있어요.</u>

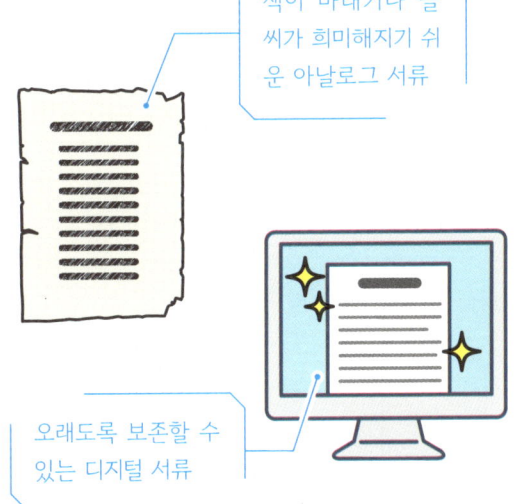

색이 바래거나 글씨가 희미해지기 쉬운 아날로그 서류

오래도록 보존할 수 있는 디지털 서류

※카세트 테이프에 자기를 이용해 소리, 음악을 기록하는데, 시간이 지나면 음질이 나빠질 수 있어요.

 맛과 향기도 디지털화한다고?!

그림이나 소리뿐만이 아니에요. 최근에는 맛이나 향 같은 것도 디지털 데이터로 기록하는 연구가 진행되고 있어요. 미래에는 맛있는 냄새, 좋은 향기를 복사해서 누군가에게 보내줄 수 있을지도 몰라요.

Chapter 0-04
좀 외로웠어요!
혼자였던 옛날의 컴퓨터

컴퓨터가 등장한 지 얼마 안 됐을 무렵에는 지금처럼 컴퓨터들끼리 연결되어 있지 않았어요. 그저 혼자서만 일했던 거예요.

🌐 처음 등장했을 무렵의 컴퓨터

컴퓨터가 있는 방에 가야 쓸 수 있었어요

처음 나왔을 때의 컴퓨터는 굉장히 크고 비쌌어요. 여러 명이 한 대를 같이 써야 했던 거예요. 그래서 어려운 계산을 해야 할 때처럼 **컴퓨터의 힘이 꼭 필요할 때에만 컴퓨터가 있는 방에 가서 사용하곤 했어요.**

이제 어디서든 컴퓨터를 쓸 수 있어요!

시간이 지나자, 사람들은 컴퓨터가 있는 방까지 가는 것이 너무 귀찮아졌어요. 그러다 아이디어를 떠올렸어요. 작고 가격도 싼 컴퓨터를 여러 대 준비해서 선으로 연결하면 어디에 있든 큰 컴퓨터를 사용할 수 있겠다고 생각한 거예요. 이렇게 해서 '네트워크'란 것이 탄생했어요.

네트워크가 탄생한 이후의 컴퓨터

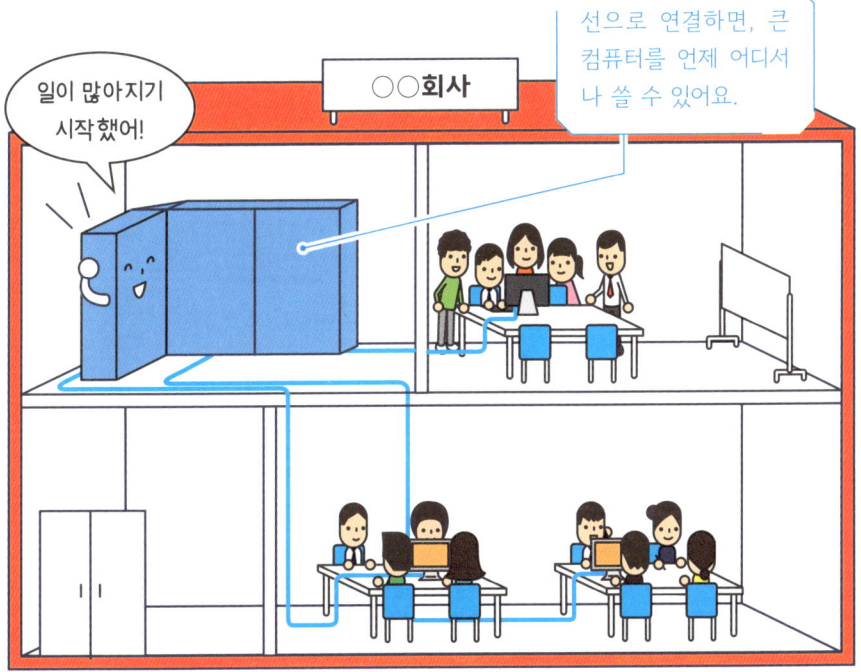

한 대만 써서 좋은 점도 있어요

다른 기기와 연결되어 있지 않으면 데이터가 밖으로 유출되는 것을 막을 수 있어요. 요즘에도 중요한 정보가 보관된 컴퓨터는 한 대만 따로 쓰기도 합니다.

▶Chapter 0-05

네트워크와 네트워크를 연결하니 인터넷이 되었어요!

전 세계 사람들과 메시지를 주고받고 게임을 즐길 수 있도록 해준 고마운 '인터넷'은 어떻게 탄생했을까요? 지금부터 알아보아요.

🌐 네트워크끼리 이어지다

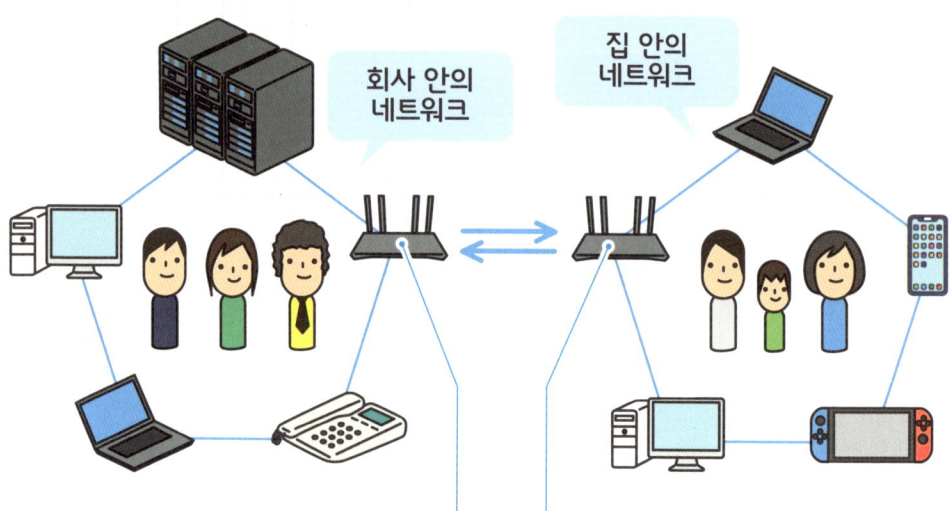

네트워크와 네트워크가 연결되는 부분에는 '라우터'라는 기계를 설치해서 정보가 잘 흘러가도록 합니다.

이어지면 더욱 편리해요

하나의 네트워크 안에서 데이터를 주고받으면 쉽고 간단하지만 불편한 점이 많아요. 밖에 있는 기기들과 데이터를 주고받는다면 당연히 더 많은 정보를 편리하게 사용할 수 있을 거예요. 그래서 등장한 것이 네트워크와 네트워크를 연결한 인터넷이랍니다.

정신 차려 보니, 전 세계가 연결되어 있었어요!

네트워크끼리 연결했더니, 밖에 있는 사람들과 메일이나 데이터를 주고받을 수 있었어요. 이것이 너무 편리해서, **모두가 네트워크를 조금씩 조금씩 연결했어요.** 어느 날 정신을 차리고 보니, 전 세계의 네트워크가 하나로 이어진 '인터넷'이 탄생해 있었던 거예요.

⊕ 세계를 연결하는 인터넷

다 연결되다니 굉장해!

 '해저 케이블'이 세계를 연결해요

네트워크는 선으로 연결된다고 했죠? 그러면 바다 건너편 나라들과는 어떻게 연결할까요? 바다 밑을 지나가는 '해저 케이블'이 있어서 바다 건너 외국과도 통신할 수 있답니다.

Chapter 0-06
클라우드 덕분에 모두가 편리한 기능을 쓸 수 있어요

'클라우드(구름이라는 뜻)'란 인터넷을 통해 컴퓨터의 특별한 기능을 사용할 수 있게 해주는 기술이에요. 이제 내 컴퓨터에 많은 기능을 갖고 있을 필요가 없어요. 클라우드만 있으면 필요할 때 언제든 쓸 수 있기 때문이에요.

⊕ 편리한 기능을 클라우드에 모아 놓았어요

인터넷상에 다양한 기능이 준비되어 있어요.

인터넷을 통해 쓰고 싶은 기능을 사용해요.

쓰고 싶은 기능을 인터넷에서 가져올 수 있어요

컴퓨터나 스마트폰을 편리하게 이용하는 방법, 바로 어플리케이션※(소프트웨어)을 설치하는 거예요. <u>인터넷상에 편리한 기능들을 모아놓고 누구나 편리하게 쓸 수 있는 시대가 된 것은 '클라우드 컴퓨팅'이라는 기술 덕분이랍니다.</u>

※ 어플리케이션이란 게임, 길 찾기, 일기예보 등 특별한 기능을 수행하는 소프트웨어를 말해요.

데이터를 인터넷상에 저장해요

스마트폰으로 찍은 사진이나 컴퓨터 작업으로 만든 문서 같은 것들을 인터넷상에 있는 스토리지(저장 공간)에 보관할 수 있어요. 이것을 클라우드 서비스라고 불러요.

데이터를 클라우드에 저장하면, 자신의 컴퓨터나 스마트폰에 데이터를 많이 넣어 두지 않아도 됩니다.

필요한 도구가 세트로 준비되어 있어요

예를 들어 게임을 만들기 위해 필요한 도구를 준비해 주는 클라우드 서비스가 있다고 해봐요. 어떤 도구가 필요한지 조사할 필요도 없고, 그것들을 모으기 위해 노력할 필요도 없어요. 인터넷을 통해 바로 작업을 시작할 수 있다는 뜻이에요.

 인터넷의 발전이 클라우드를 널리 전파했어요

클라우드 컴퓨팅이 널리 퍼지게 된 데에는 인터넷 기술의 발전이 있어요. 인터넷 통신 속도나 성능이 향상되었기에 가능해진 일이랍니다.

Chapter 0
디지털의 기본 복습 퀴즈

1 컴퓨터가 사용하고 있는, 0과 1로만 표시되는 수를 무엇이라고 하나요?

- A 10진수
- B 2진수
- C 16진수

2 전 세계를 연결하는 거대한 네트워크를 무엇이라고 부르나요?

- A 인터넷
- B 라우터
- C 어플리케이션

3 인터넷을 통해 컴퓨터의 편리한 기능들을 이용할 수 있는데, 이는 어떤 기술 덕분인가요?

- A 스토리지
- B 클라우드
- C 프로그래밍

정답은 155페이지에!

Chapter 1

인간의 일이 없어진다고!?
AI

많은 디지털 기술 중에서도
특히 주목 받는 것이 AI의 발전이에요.
'인간의 일이 없어지면 어쩌지?'라고 걱정할 정도로
놀랍게 똑똑해진 컴퓨터에 대해 알아봅시다.

Chapter 1-01
AI에는 '강한 녀석'과 '약한 녀석'이 있어요

AI(인공지능)는 사용하는 방법에 따라 의미가 조금 달라져요. 지금부터 '강 인공지능'과 '약 인공지능', 그리고 AI라고 해야 될지 말지 애매한 것들에 대해 알아보아요.

강 인공지능(범용 AI)

마치 인간의 뇌를 갖고 있는 것처럼 스스로 생각해서 다양한 일을 해내는 것이 가능한 AI를 말해요. 예상치 못했던 일이 생겨도 잘 대처하고, 인간처럼 감정을 가지는 것도 가능하다고 생각돼요.

하지만, 뭐든지 할 수 있는 AI는 아직 세상에 나오지 않았어요.

약 인공지능(특화형 AI)

바둑 AI는 바둑을 엄청나게 잘 두지만, 그 외의 것들은 할 줄 모른답니다.

특정한 문제만 해결할 수 있는 AI를 말해요. 예를 들어 바둑AI는 어떻게 돌을 놓으면 이길 수 있을지를 학습해서, 프로 기사에게도 이길 수 있을 만큼 강해졌어요. 지금 화제가 되고 있는 AI들은 모두 약 인공지능이라 할 수 있어요.

세상에는 가짜 AI도 많아요

우리 주변에는 '강 인공지능'은커녕 '약 인공지능'조차 못 되는, 가짜 AI도 많답니다. 모두가 AI에 열광하다 보니, AI가 쓰이지 않았는데도 억지로 AI라는 말을 붙여서 상품과 서비스를 팔려는 사람들이 있어요. 이런 가짜에 속지 않으려면 AI가 무엇인지 제대로 알고 있어야 하겠죠?

🌐 이런 것이 가짜 AI

AI 탑재

AI가 점치는 오늘의 운세

AI가 점치는 오늘의 운세

7:48 AI 꼭 알아두어야 할 뉴스

AI가 선택한 꼭 알아두어야 할 뉴스

예를 든 것들 모두, AI를 쓰지 않고 단순한 프로그램(16페이지 참고)을 실행시키면 해결할 수 있습니다.

 약 인공지능은 AI가 아니다?!

AI를 연구하는 사람 중에는 "인간처럼 무엇이든지 할 수 있는 강 인공지능만이 AI이고, 지금 유행하고 있는 약 인공지능은 AI라고 할 수 없다"라고 주장하는 사람도 있어요.

Chapter 1-02

AI가 공부하는 방법은 크게 두 가지로 나눠져요!

AI가 작동하기 위해서는 '학습'이 필요해요. AI의 학습법은 2가지로 나눠지는데 각기 어떤 장단점을 갖고 있는지 알아보아요.

🌐 정답을 가르치는 '지도학습'

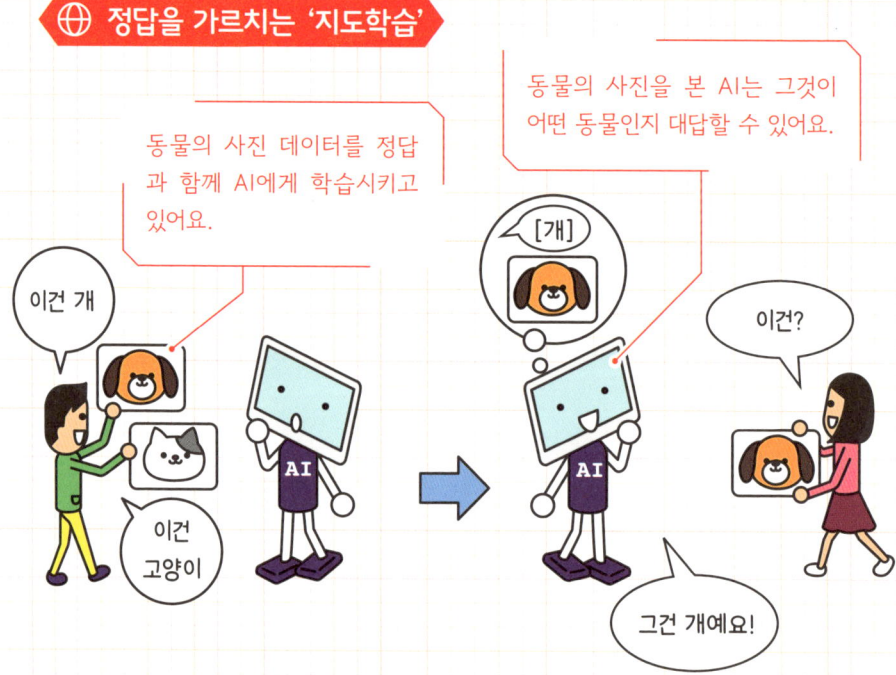

정답을 함께 가르치는 것이 '지도학습'

데이터와 정답을 하나의 세트로 AI에게 학습시키는 방법을 '지도학습'이라고 해요. 개의 사진과 "이건 개야"라는 정답을, 고양이의 사진과 "이건 고양이야"라는 정답을 묶은 세트를 아주 많이 준비해서 학습시키는 거예요. 그러면 AI가 동물의 사진을 보고 개와 고양이를 구분할 수 있게 됩니다.

정답을 가르치지 않고 특징을 찾게 하는 '비지도학습'

정답을 묶어서 세트로 만들지 않고, 데이터만을 AI에게 학습시키는 방법을 '비지도학습'이라고 해요. '정답을 알려주지 않으면 어떻게 학습하지?'라고 생각할 수도 있어요. 하지만 <u>AI는 입력된 수많은 데이터를 비교해서 각각의 특징을 파악하는 방법으로</u> 개와 고양이를 구분할 수 있어요. 데이터의 전체적인 모습을 알고 싶을 때도 사용하는 방법이에요.

🌐 정답을 주지 않는 '비지도학습'

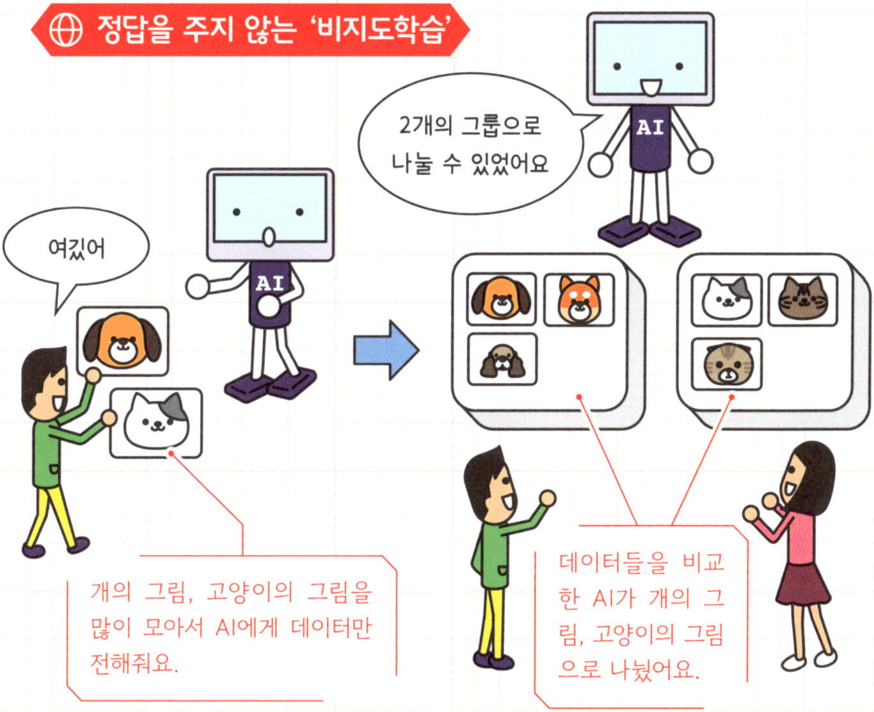

"여깄어"

"2개의 그룹으로 나눌 수 있었어요"

개의 그림, 고양이의 그림을 많이 모아서 AI에게 데이터만 전해줘요.

데이터들을 비교한 AI가 개의 그림, 고양이의 그림으로 나눴어요.

 목적에 따라 구분해서 사용해요

사람의 얼굴인지 아닌지를 구분하는 임무를 맡은 AI에겐 지도학습이 좋을까요, 비지도학습이 좋을까요? 정답은 지도학습입니다. 정답과 오답이 명확하게 나눠질수록 지도학습이 적합해요. 반대로 '어떤 특징을 가진 사람이 어떤 상품을 살까'와 같이 아직 정답을 모르는 문제를 조사할 때는 AI에게 비지도학습을 시키는 편이 편리합니다.

Chapter 1-03
인간의 뇌와 똑같다고? 진화한 AI의 공부법

인간의 뇌가 학습하는 과정을 본떠 만든 것이 '인공 신경망'인데, 이것을 여러 층으로 만들 수 있다고 해요. '딥 러닝'이란 인공 신경망이 4층 이상인 새로운 학습 방법이랍니다.

당근인지 아닌지를 판단할 때

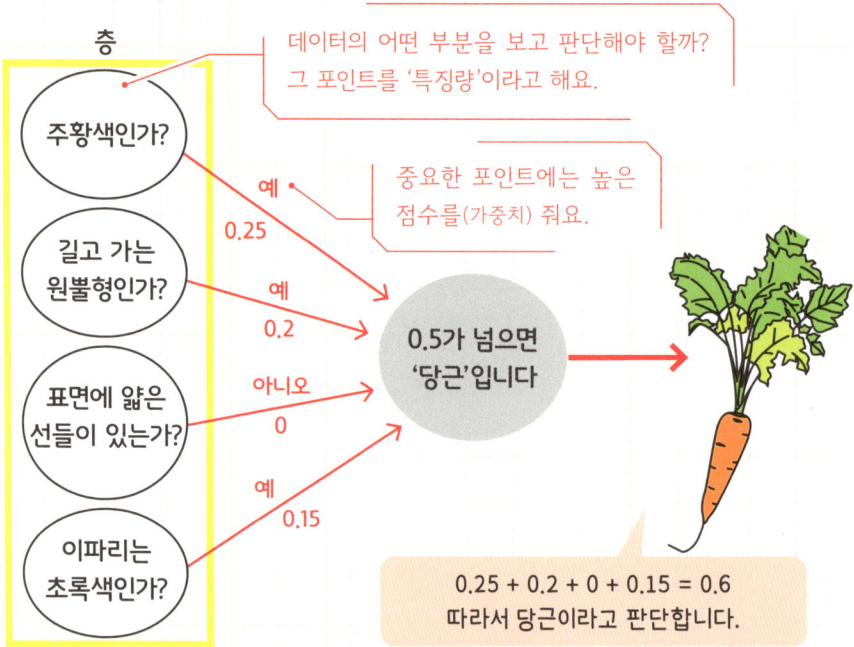

인간의 뇌 구조를 모방한 '인공 신경망'

인간의 뇌 구조 일부를 모방해서 만든 위의 그림과 같은 모델을 '인공 뉴런'이라고 해요. 인공 뉴런들끼리 이어진 것이 '인공 신경망'이고요. 이 인공 신경망을 4층 이상으로 쌓은 구조를 이용해 학습하는 것을 '딥 러닝'이라고 합니다.

'특징량'을 정하는 작업은 매우 어려워요

'데이터의 어떤 부분을 보고 판단해야 할까'를 AI에게 알려주기 위해 특징량을 정하는 작업은 매우 중요해요. **'어떤 특징량을 선택하는가'에 따라 AI가 내놓는 답의 정확도가 크게 변할 수 있어서** 여기에 매우 많은 시간과 노력을 들인다고 해요.

AI 스스로 특징량을 발견한다고?!

딥 러닝이 시작되면서, 이전까지 인간이 해왔던 <u>특징량을 정하는 작업을 AI 스스로 할 수 있게 되었어요.</u> 덕분에 AI는 이미지나 언어를 더욱 자세히 인식할 수 있게 되었고, 활약할 수 있는 곳도 더욱 늘어나게 되었어요.

📝 2012년부터 시작된 새로운 AI의 시대

'AI가 이미지를 얼마나 정확히 인식하느냐'를 가지고 경쟁하는 대회가 2012년 열렸어요. 여기서 캐나다 토론토대학팀이 우승했는데, 딥 러닝 덕분이었다고 해요. 이때부터 딥 러닝이 주목을 받으며 AI 발전 속도가 한층 더 빨라졌어요.

Chapter 1-04
AI는 처음 하는 일에 매우 약해요

많은 양의 데이터를 학습해서 똑똑해진 AI가 다양한 곳에서 활약하고 있어요. 하지만 그런 AI에게도 약점이 있다고 합니다.

'학습하지 않은 것'에는 대응하지 못해요

인간과 대화할 수 있는 AI는 많은 단어를 학습해서 점점 똑똑해지고 있어요. 하지만 새로운 단어, 즉 <u>학습하지 않은 말을 들으면 이해하지 못할 수도 있답니다.</u>

※ 인스타그램은 사진이나 동영상을 공유할 수 있는 인터넷상의 서비스를 말합니다.

'뜻밖의 상황'은 학습하기 어려워요

자율주행 자동차를 만들기 위해, 지금까지 모아온 수많은 운전 데이터를 AI에게 학습시키는 방법을 이용해요. 그러니 **AI가 학습한 데이터에 들어가 있지 않은 '뜻밖의 상황'에는 대응하는 것이 어렵다**는 뜻이에요.

'동물이 갑자기 도로로 뛰어드는 상황'에 대한 데이터는 거의 포함되어 있지 않아요.

창조하는 일은 어려울 수 있어요

AI가 물건을 만드는 데 참여하는 경우가 늘어나고 있어요. 하지만 AI가 떠올리는 아이디어는 학습한 데이터를 요리조리 조합한 거예요. 그래서 **"지금까지 들어본 적 없는 새로운 아이디어를 내줘"라는 요구는 AI에게 굉장히 어려운 일이에요.**

📝 '뜻밖의 상황' 데이터는 인간이 준비해야 해요

AI가 학습할 내용에 들어가 있지 않다는 것은 현실에서 일어날 가능성이 적다는 뜻이에요. 이런 뜻밖의 상황을 AI에게 학습시키고 싶다면, 그런 상황의 데이터를 인간이 직접 만들어야 합니다.

Chapter 1 - 05
그림이나 문장을 만들어 주는 AI가 등장했어요!

학습한 데이터를 바탕으로 그림이나 문장을 척척 만들어 주는 AI를 '생성형 AI(Generative AI)'라고 부른답니다.

⊕ 키워드에 따라 그림을 그려주는 AI

그려 줬으면 하는 그림의 키워드를 입력해요.

키워드에 해당하는 그림을 AI가 만들어냅니다.

키워드를 입력하면 AI가 그림을 그려줘요

그리고 싶은 이미지를 단어로 입력하면, 그것에 맞춰 그림을 그려주는 AI 서비스가 있어요. 그림을 잘 못 그리는 사람도 자신이 상상하는 것을 말로 할 수만 있다면 AI를 이용해서 간단히 그림을 그릴 수 있게 된 거예요.

뭐든지 대답해준다고? 대화가 가능한 '박학다식 AI'

2022년 미국의 한 회사(OpenAI)가 대화가 가능한 AI 서비스 '챗GPT'를 개발해 큰 화제가 되고 있어요. <u>문장으로 질문하면 문장으로 대답해 주니</u> 참 신기해요. 마치 친구 사이처럼 매우 자연스러운 대화가 가능해서, AI의 발전에 모두가 놀라고 있답니다.

인간이 문장으로 질문을 입력해요.

엄청난 문장 데이터를 학습한 AI가 자연스러운 문장으로 대답을 해줘요.

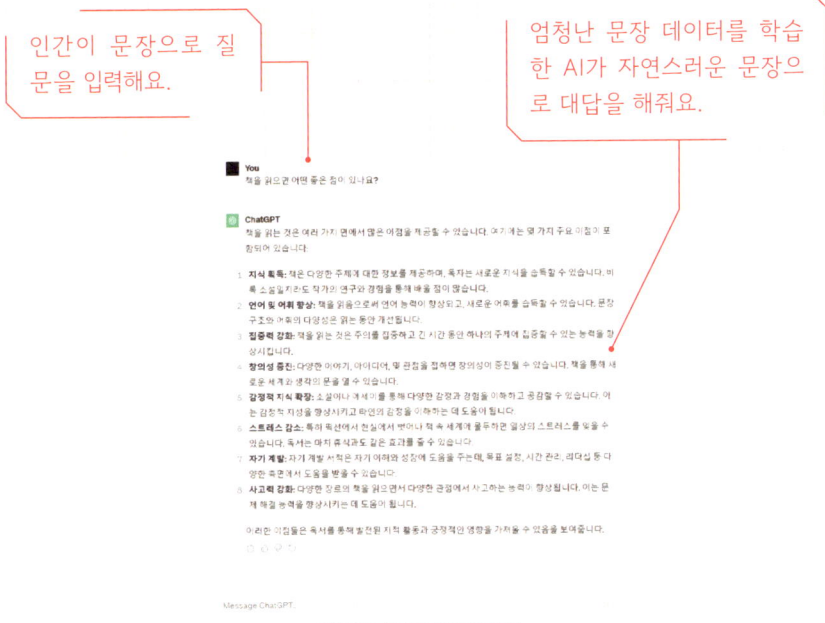

http://chat.openai.com/chat
챗GPT의 화면. 인간이 입력한 "책을 읽으면 어떤 좋은 점이 있나요?"라는 질문에 AI가 대답해 주고 있어요.

 때때로 거짓말을 하는 챗GPT

그렇다면 챗GPT가 내놓는 대답은 다 믿어도 될까요? 절대 아니에요. 챗GPT는 학습한 내용을 바탕으로 가장 그럴듯한 답을 내놓는 거예요. 잘못된 답을 하는 경우도 종종 있으니 주의해야 한답니다.

Chapter 1-06
대화할 수 있는 AI는 정말 말뜻을 알아듣는 걸까?

챗GPT와 같은 대화형 AI와 말해보면, 마치 인간처럼 말뜻을 이해하고 있는 것처럼 보이는데 정말 그런 걸까요?

🌐 튜링 테스트

AI와 인간이 벽 너머에 있는 인간과 문장으로 대화를 나눠요.

벽 너머의 인간이 AI의 문장을 보고 "나는 지금 인간과 대화하고 있다"라고 대답한다면, 그 AI는 합격!

'사람 같은가'를 판단하는 '튜링 테스트'

컴퓨터 발전에 기여한 앨런 튜링이라는 사람이 만든 시험이에요. 인간과 AI가 벽을 사이에 두고 문장으로 대화를 나눈 다음, 인간이 "나는 지금 인간과 대화하고 있다"라고 대답한다면 그 AI는 합격이라는 내용이에요. AI가 사람과 얼마나 비슷한지 알 수는 있지만, AI가 인간이 사용하는 언어의 뜻을 진짜 이해하는지는 알 수 없어요.

답을 한다고 안다고 할 수 있을까? '중국어의 방'

중국어로 질문을 적은 종이를 방 안에 넣으면 중국어로 대답한 종이를 돌려주는 방이 있다고 해봐요. 방 안을 볼 순 없지만, 당연히 중국어를 잘하는 사람이 있을 거라 생각하겠죠? <u>하지만 방 안에는 중국어를 전혀 모르는 사람이 매뉴얼을 보면서 그대로 답하고 있는 걸지도 몰라요.</u> 중국어로 답했다고 '중국어를 안다'라고 할 수 있을까요?

중국어의 방

'중국어의 방'을 사용하는 사람은 '이 안에 있는 사람은 중국어를 잘할 거야'라고 생각해요.

방안에 있는 사람은 매뉴얼을 보면서 일하고 있을 뿐이에요. 중국어는 전혀 알지 못해요.

 인간의 지능에 대해서도 알지 못해요

AI(인공지능) 연구가 점점 진행되고 있다지만, 사실 인간의 지능에 대해서도 밝혀지지 않은 부분이 많아요. '인간은 어떻게 언어를 이해하고 어떻게 학습을 하는가'와 같은 문제에 대해서도 완벽히 알지 못합니다.

Chapter 1-07
점점 진화하고 있는 자율주행 자동차

AI 기술을 이용한 '자율주행 자동차'의 시대가 시작되었어요. 미국 자동차 기술회(SAE)는 자율주행의 수준을 6단계로 나눴고, 일본 국토교통성은 5단계로 나눴어요. 여기서는 일본의 5단계 자율주행에 대해 알아보기로 해요.

🌐 자율주행의 개념

여러 개의 카메라와 센서가 도로의 다른 자동차와 보행자를 인식합니다.

기계는 지치지 않아요!

사고나 교통 체증이 없어질까?

운전이 완전히 자동화된다면 사람들은 굉장히 편할 거예요. 그런데 여기에 덧붙여서 교통사고가 줄어들고 길이 꽉 막히는 교통 체증 현상도 사라질 것이라는 예측이 있어요. <u>교통사고의 90% 이상은 운전자에게 원인이 있고, 교통 체증도 잘못된 운전 습관 탓이기 때문이에요.</u> AI는 규칙을 어기지도 않고 나쁜 습관도 없을 테니 기대해도 되지 않을까요?

1단계: 위험할 때 도와줘요

자율주행 1단계에서 운전은 기본적으로 사람이 해요. 운전하다가 앞의 자동차와 부딪히려고 할 때 자동으로 브레이크를 걸어 준다거나, 차선을 벗어나지 않도록 조정해 주는 등 자율주행은 <u>운전자를 보조해 주는 역할을 합니다.</u>

2단계: 앞차를 자동으로 추월해요

자율주행 2단계는 1단계보다 더 많이 운전자를 도와줘요. 예를 들어 고속도로에서 앞의 차가 느리게 달리고 있으면 자동으로 추월해요. <u>차에 달려 있는 카메라와 센서로 도로의 상황을 자세히 살펴보고 판단합니다.</u>

운전자가 OK를 하면, 자동으로 옆 차선으로 이동해서 앞차를 추월합니다.

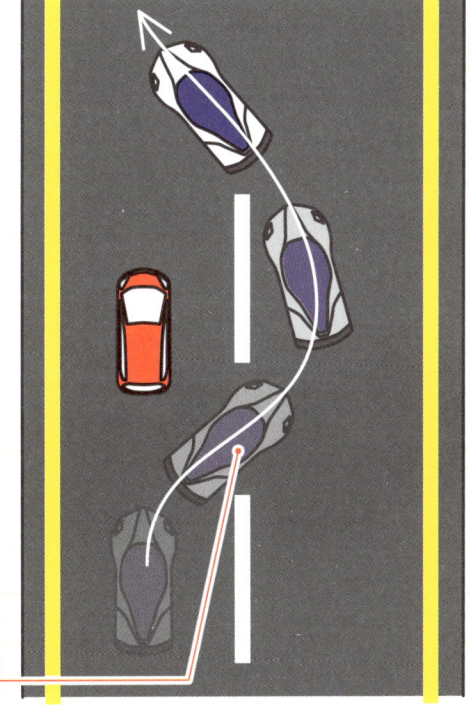

3단계: 특별한 상황에서 자동으로 운전해줘요

자율주행 2단계까지는 주로 사람이 운전했지만, 3단계부터는 드디어 기계가 주로 운전해요. 여기서 특별한 상황이란 '고속도로에서'라든지 '날씨가 맑을 때' 등 미리 정해 놓은 운전 조건을 말해요. 따라서 '고속도로를 벗어났을 때' 또는 '비가 내리고 있을 때'에는 사람이 운전해야 합니다.

기계가 곤란할 때는 인간이 운전합니다

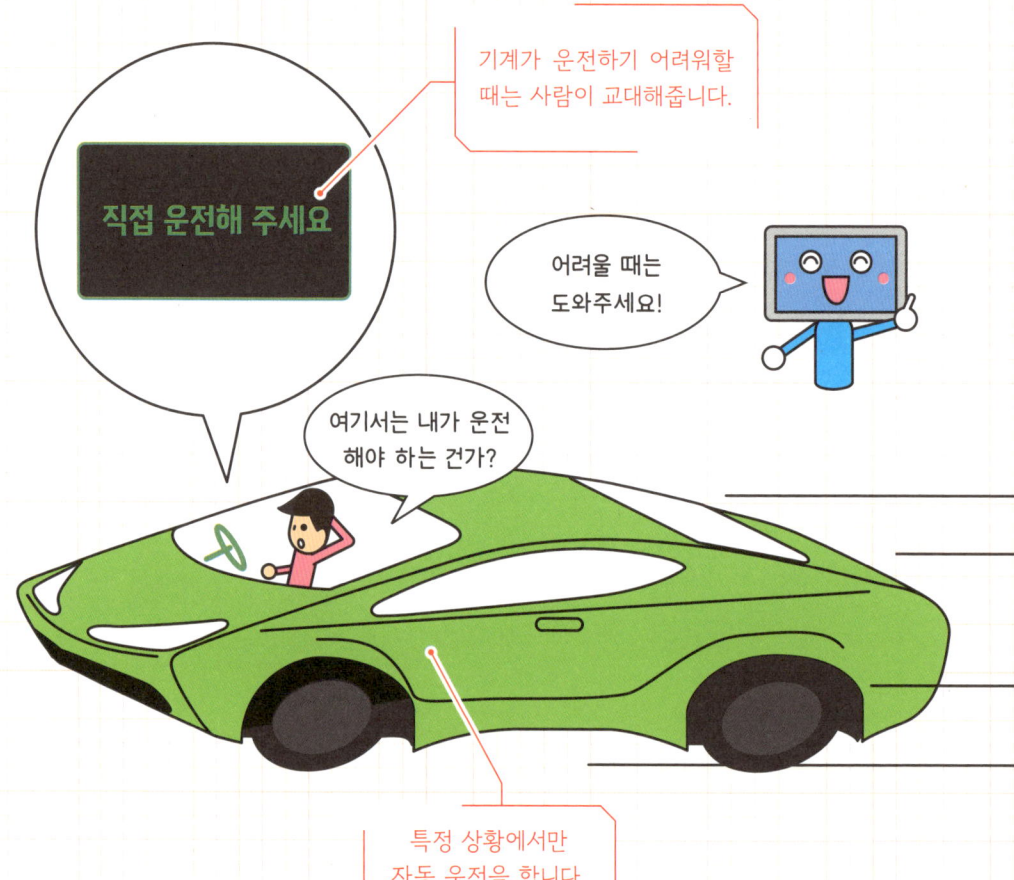

4단계: 특별한 지역에서는 자동 운전을 해요

자율주행 4단계는 미리 정해놓은 지역 안에서는 운전이 모두 자동으로 이루어지는 거예요. 2023년 3월, 일본의 한 도시에서 미리 정해놓은 경로를 따라 운행하는 4단계 자율주행이 시작되었어요. <u>차에 탄 사람은 운전을 완전히 기계에게 맡기고 쉴 수 있다고 합니다.</u>

5단계: 언제 어디서나 자동 운전을 해요

자율주행 5단계가 되면 장소, 상황과 관계없이 모든 운전이 자동으로 되는 거예요. <u>운전자가 필요 없으니까 책을 읽거나 대화하는 등 이동하는 동안 자유롭게 시간을 보낼 수 있어요.</u> 이것이 자율주행을 연구하는 사람들이 꿈꾸는 미래의 자동차라 할 수 있습니다.

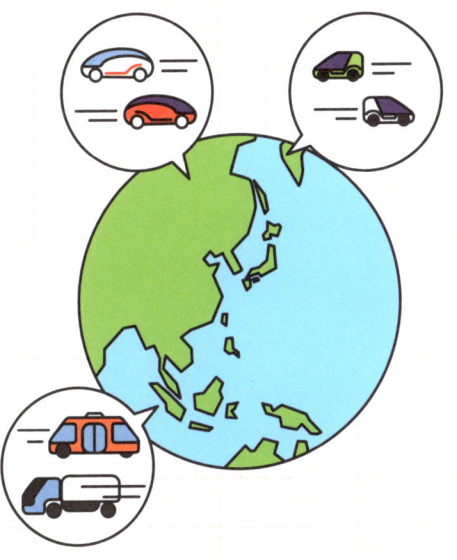

 이미 도로 위를 달리고 있어요

최근 자동차들은 차선 이탈 방지, 앞차와의 간격 유지, 정속 주행 등의 기능을 기본으로 갖추고 있어요. 자율주행 자동차들이 이미 거리를 달리고 있는 거예요.

Chapter 1-08

정답이 없는 문제에 AI는 어떻게 대답할까?

사람이라도 대답하기 어려운 문제가 있어요. AI가 여러 분야에서 활용되다 보니 '정답이 없는 문제'에 부딪히는 경우도 늘어나고 있다고 해요. AI는 어떻게 할까요?

🌐 정답을 알 수 없는 '광차 문제(트롤리 딜레마)'

달려오는 광차(트롤리)

아무것도 하지 않는다면…
광차가 그대로 직진해서
⇒ 5명이 죽게 됩니다

레버를 당긴다면…
광차가 다른 선로로 들어가서
⇒ 자신의 손으로 1명을 죽게 하는 결과가 나옵니다

5명의 목숨이 1명의 목숨보다 가치 있을까?

엄청나게 빠른 속도로 달려오는 광차 앞에 5명의 인부가 있어요. 이대로라면 5명의 인부는 모두 죽게 돼요. 여기서 내가 광차의 선로를 바꾸는 레버를 당긴다면 5명의 인부는 살 수 있지만, 바뀐 선로 위에 있는 다른 1명의 인부가 죽게 되는 거예요. 이것을 트롤리 딜레마라고 해요. <u>어떻게 하는 것이 가장 좋은 방법인지 아무도 알 수 없는, 즉 '정답이 없는 문제'는 현실에서도 많이 존재합니다.</u>

자율주행도 '정답이 없는 문제'에 부딪치게 돼요

자율주행과 관계가 있는 '다리 문제'에 대해서도 생각해 봐요. 자율주행 차가 난간이 없는 거대한 다리 위를 달리고 있는데, 맞은편에서 아이들이 타고 있는 버스가 달려와요. 버스와 부딪히면 많은 아이들이 희생될 거예요. <mark>만약 자율주행 차가 스스로 다리에서 떨어진다면 아이들은 무사할 수 있어요. 물론 자율주행 차에 타고 있는 사람은 죽게 되겠죠.</mark>

⊕ '다리 문제'에 대해 AI는 어떻게 대답할까?

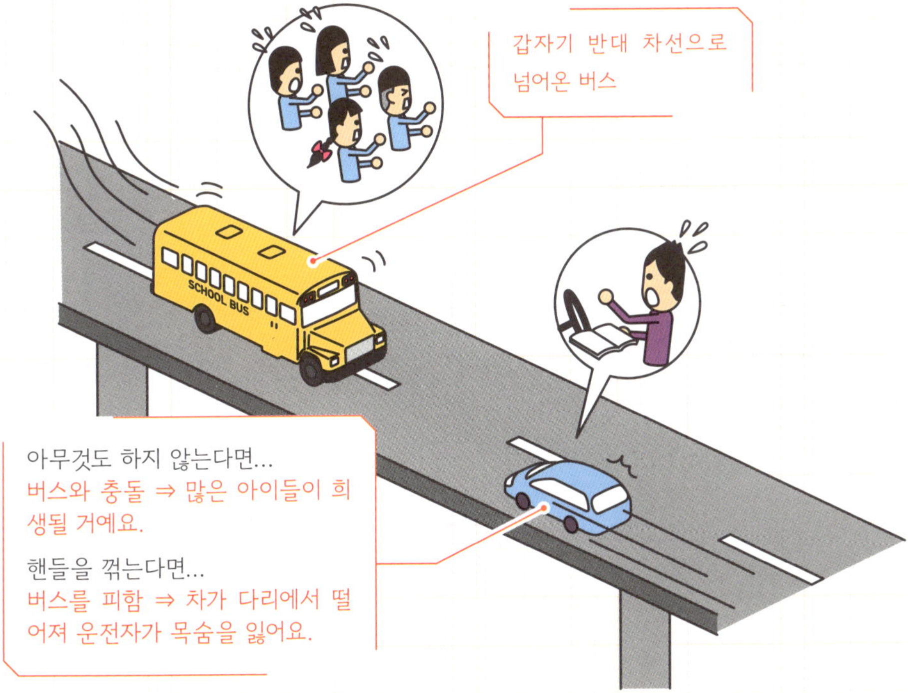

갑자기 반대 차선으로 넘어온 버스

아무것도 하지 않는다면…
버스와 충돌 ⇒ 많은 아이들이 희생될 거예요.

핸들을 꺾는다면…
버스를 피함 ⇒ 차가 다리에서 떨어져 운전자가 목숨을 잃어요.

 연구해야 하는 것은 기술만이 아니에요

AI를 발전시키기 위해서는 기술의 연구뿐만 아니라 AI와 함께 살아가기 위한 방법이나 규칙에 대해서도 깊이 생각해봐야 됩니다.

Chapter 1-09
AI에게 거짓말을 가르치면 어떻게 될까?

만약 AI에 입력하는 데이터가 조작되어 있다면, AI가 잘못된 판단을 할 가능성이 커지는 거예요. 이런 일을 막으려면 어떻게 해야 할까요?

속아버린 자율주행 차

어? 왜 안 멈추는 거야?

'정지'라는 표지판에 AI를 속이기 위한 스티커를 붙였다고 생각해봐요. 사람에게는 그저 얼룩으로 보이지만, 자율주행 차는 이것을 '제한속도 50킬로미터'의 표지판으로 인식할 수도 있는 거예요.

사람 눈을 피해서, AI만 속일 수 있어요

도로의 표지판에 작은 스티커를 붙이는 것만으로, 자율주행 차가 그것을 완전히 다른 표지판으로 인식할 수 있다는 실험 결과가 나왔어요. 이처럼 사람에게는 인식되지 않는 조작을 해서 AI만을 속일 수 있다고 생각하면 무서울 지경이에요.

나쁜 사람들이 이상한 AI를 만들 수도 있어요

모두를 곤란하게 하기 위해, 또는 자신에게 유리한 결과를 얻기 위해 AI에게 이상한 데이터를 학습시키는 사람들도 있어요. 예를 들어 사람을 차별하는 말을 내뱉는 AI나 어떤 회사, 어떤 인물만 칭찬하는 AI 말이에요. 학습시키는 데이터가 이상하면 이상한 대답, 옳지 않은 대답만 내놓는 AI가 되어버려요.

AI의 판단이 정확한지 확인할 수 있을까?

AI가 점점 발전해 간다면, AI가 내놓는 답이 맞는지 틀렸는지를 사람이 판단할 수 없게 되는 날이 올지도 몰라요. 그러니 AI가 내놓는 답이 맞는지 사람이 확인할 수 있는 구조를 만들어 두는 게 중요하답니다.

 스마트 스피커를 속였다!

최근 동영상 속에 AI만이 들을 수 있는 소리를 넣어서, 그것을 들은 스마트 스피커(11페이지)가 이상한 행동을 하는 일도 있었어요. 동영상을 보고 있는데 갑자기 방안의 불이 꺼지거나 스마트 스피커가 이상한 말을 할 수도 있는 거예요.

Chapter 1-10
AI가 정말 사람의 일을 빼앗을까?

AI가 점점 발전하는 것은 편리하고 흥미로운 일이지만, AI에게 '사람의 일을 전부 빼앗기면 어떡하나'라는 걱정도 있어요. 정말 그런 일이 일어날까요?

AI가 할 수 없는 일도 많아요

AI가 마지막까지 잘할 수 없는 일이라면 사람과 소통하는 게 아닐까요? 대화할 수 있는 AI도 개발되었지만 사람의 미묘한 감정을 읽거나 누군가를 위로하고 배려하는 일은 할 수 없어요. AI보다 사람이 잘하는 일은 아직 많이 남아 있답니다.

인간의 진보를 위해 AI를 이용할 수 있어요

현재 AI는 다양한 분야에서 활용되고 있고, 인간을 뛰어넘을 정도의 능력을 뽐내고 있어요. 이런 AI와 인간이 힘을 합친다면, 더욱 뛰어난 성과를 얻을 수 있겠죠? 예를 들어 볼게요. 인간과 AI가 협력하는 체스 대회라면, 인간의 직감과 AI의 계산 능력이 합쳐져 수준 높은 시합을 할 수 있을 거예요. 인간과 AI는 경쟁 상대가 아니에요. <u>AI의 힘을 빌려서 인간이 얼마나 더 진보할 수 있을지 생각해보아요.</u>

🌐 인간과 AI 가 협력해요

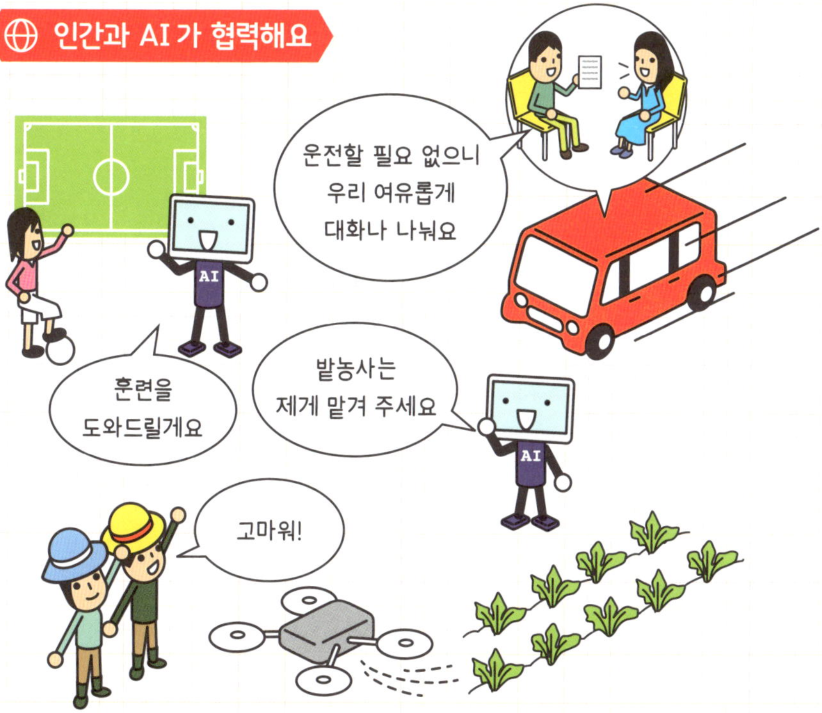

- 운전할 필요 없으니 우리 여유롭게 대화나 나눠요
- 훈련을 도와드릴게요
- 밭농사는 제게 맡겨 주세요
- 고마워!

 AI 세상은 사람 중심이어야 해요

AI는 사람이 편리하고 행복하기 위해 존재하는 거예요. AI를 위해서 사람이 희생해서도 안 되고, 주도권을 AI에게 넘겨서도 안 된다는 얘기예요. 미래 세상은 AI 세상이지만, 언제나 사람이 중심이 되어야 합니다.

Chapter 1
AI 복습 퀴즈

1 인간의 뇌를 모방한 '인공 신경망'을 4층 이상 쌓아 올린 새로운 기계학습의 기술은 무엇인가요?

A 지도학습   B 특징량   C 딥 러닝

2 학습한 데이터를 바탕으로 그림이나 문장 등을 만들어 주는 AI를 어떻게 부르나요?

A 강 인공지능   B 생성형 AI   C OpenAI

3 AI가 '사람 같은가'를 판단하기 위한 테스트는 무엇인가요?

A 챗 GPT   B 튜링 테스트   C AI 테스트

정답은 155 페이지에!

Chapter 2

모든 것을 인터넷에 연결해요
IoT

컴퓨터나 스마트폰만으로
인터넷을 사용할 수 있는 것은 아니에요.
안경, 신발, 모자 등, 모든 것이 인터넷에 연결되는
IoT(사물 인터넷) 시대에 대해 알아봅시다.

Chapter 2-01
주변의 다양한 물건들이 센서가 되고 있어요

'센서'란 온도, 무게 등의 정보를 읽어서 디지털 데이터로 바꾸는 장치예요. IoT(사물 인터넷) 시대에는 우리에게 익숙한 물건들이 센서가 될 것으로 예상한답니다.

어떤 데이터를 수집할 수 있을까?

모자
햇빛의 세기나 땀의 양을 측정할 수 있어요.

손목시계(스마트워치)
심장 박동수나 체온, 혈압 등을 측정할 수 있어요.

안경
눈의 움직임이나 깜빡이는 횟수 등을 측정할 수 있어요.

신발
걷는 방법이나 걸은 거리 등을 측정할 수 있어요.

옷
체온이나 몸의 움직임을 측정할 수 있어요.

물건들이 다양한 데이터를 수집해요

우리 주변에 있는 물건이 다양한 정보를 측정하는 센서가 될 수 있어요. 우리가 몸에 지니고 있는 물건들도 그래요. 신발에서 땅의 단단한 정도나 걸음걸이에 대한 정보를 얻을 수 있어요. 심박수, 운동량을 측정해서 건강을 지켜주는 스마트워치는 이미 많은 사람들이 사용하고 있답니다.

타이어의 센서화로 사고를 예방해요

타이어를 만드는 회사 '브리지스톤'은 타이어에 센서를 달아서 데이터를 수집하는 IoT 서비스를 하고 있어요. <u>타이어가 센서가 되어 다양한 데이터를 수집함으로써, 사고도 막고 안전하게 운전할 수 있도록 도와줘요.</u>

타이어의 온도, 타이어에 들어 있는 공기의 양 등의 데이터를 자동차를 관리하는 서버에 보낼 수 있어요.

지킴이 전등

우리나라에서도 IoT 기술을 이용해 혼자 사는 할머니 할아버지들을 위한 '지킴이 서비스'를 하고 있어요. 전등, TV, 밥솥 등에 인터넷을 연결해서, 장시간 가전제품을 사용하지 않으면 담당 공무원이 전화를 하거나 직접 방문한다고 합니다.

전등 스위치가 매일 켜지고 꺼진다면, 할머니에게 별일이 없다고 판단하는 거예요.

 여러분도 IoT 아이디어를 내보세요

우리 집, 우리 학교, 우리 동네에 있는 물건이 어떤 데이터를 수집할 수 있을지 상상해본다면, 분명 새로운 IoT 아이디어가 떠오를 거예요.

Chapter 2-02

축구 공에도 센서가 들어 있어요!

축구에 이용되는 IoT 기술에 대해 들으면 여러분도 깜짝 놀라게 될 거예요. 오랫동안 축구를 봐온 팬들은 "축구의 상식이 바뀌고 있다"라고 말하고 있어요.

⊕ 센서로 데이터를 수집하는 축구공

축구공 안에 들어 있는 센서가 공의 위치, 공을 찬 시간, 공이 날아간 궤적 등의 데이터를 1초에 500회나 내보내고 있어요.

아주 세세한 부분까지 볼 수 있어요!

기술의 진화가 축구를 바꿨어요

2022년 카타르 월드컵에서 IoT 기술이 적용된 '커넥티드 볼'이 처음 사용됐어요. 예전엔 공이 골라인을 넘었는지 안 넘었는지 심판의 감각으로 판단해야 했어요. <u>이제는 공이 라인을 넘었는지를 1밀리미터 단위로 확인할 수 있어요.</u> 전 세계가 주목한 대회에서 IoT 기술의 발전상이 확인된 거예요.

정확한 판정을 내릴 수 있어요

축구공 안에 들어 있는 센서나 경기장에 설치된 카메라, 그리고 AI 등 수많은 기술이 합쳐지면서 인간(심판)이 바로 판단하기 힘든 반칙을 찾아낼 수 있게 되었어요. 그렇지 않더라도 반칙은 하면 안 되겠죠?

AI와 IoT가 힘을 합치면 정확한 판정을 내릴 수 있어요.

최대 속도 82km/h

공이 어떻게 날아가는지 한눈에 확인할 수 있어요.

훈련의 질이 높아져요

선수가 어떤 위치에서 공의 어떤 부분을 찼더니, 그것이 어떤 속도, 어떤 궤적으로 골대를 향해 날아가는지 등의 데이터를 모은다면 슛을 훈련하는 데 큰 도움을 받을 수 있을 거예요.

 4년간 또 얼마나 발전할지 기대돼요!

월드컵은 매 대회 새로운 기술을 선보이는 행사가 되었어요. 2018년 처음으로 비디오 판독을 시작했고, 2022년엔 IoT 기술이 접목된 '커넥티드 볼'을 도입했어요. 2026년엔 또 어떤 기술을 볼 수 있을지 정말 기대되네요.

Chapter 2-03
이동통신이 진화하면 IoT가 더욱 발전할 수 있어요

집 밖에서도 스마트폰으로 인터넷을 쓸 수 있는 것은 이동통신 시스템 덕분이에요. 이동통신이 4G에서 5G로, 또 6G로 진화해 가면 IoT도 더 발전하게 되는 거예요.

🌐 밖에서도 인터넷을 쓸 수 있는 이동통신 시스템

거리 곳곳에 설치된 기지국이 통신용 전파를 발신해요.

기지국에서 발신한 전파를 수신함으로써 통화가 이루어집니다.

5G, 6G… 점점 진화하는 이동통신

이동통신 시스템은 점점 진화하고 있어요. 4G를 지나 현재 5G※가 보급되기 시작했고, 더욱 진화한 6G 연구가 진행되고 있어요. <u>이동통신의 속도와 질이 좋아질수록, 다양한 장소에서 IoT 기술을 활용</u>할 수 있답니다.

※ 5G란 이동통신 시스템의 다섯 번째 세대(5th Generation)라는 뜻이에요. 숫자가 커질수록 진화한 시스템입니다.

지연 없이 순조롭게 통신할 수 있어요

5G는 그 전 세대인 4G에 비해 통신이 지연되는(늦게 전달되는) 현상을 많이 줄였어요. 그러니 자율주행 차처럼 데이터를 빠르게 주고받는 것이 중요한 곳에 딱 맞는 통신이라 할 수 있어요.

통신의 지연이 적으면 자율주행 차의 운행도 더욱 편리해집니다.

동시에 통신할 수 있는 기기의 수가 늘어나면 더 많은 물건들이 인터넷에 연결될 수 있어요.

많은 수의 기기가 통신할 수 있어요

다양한 물건이 센서로 작동하는 IoT 시대에는 통신하는 기기도 늘어날 거예요. 5G 시대에는 4G의 약 100배에 해당하는 기기가 동시에 통신할 수 있어요. 이동통신이 진화하면 센서의 개수가 점점 늘어나게 됩니다.

 '절약 통신'으로 센서의 개수를 늘릴 수 있어요

LPWA(Low Power Wide Area: 저전력 광역통신 기술)는 통신 속도 등의 성능은 좀 떨어지지만, 적은 전력으로 통신할 수 있는 기술을 말해요. 속도가 그렇게 중요하지 않은 곳이라면 LPWA를 이용해 센서의 개수를 늘릴 수 있습니다.

▶Chapter 2-04
IoT는 3단계를 거쳐 점점 발전해 나가고 있어요

IoT가 된다는 것(IoT화)은 무슨 뜻일까요? 일단 물건을 인터넷에 연결하는 것부터 시작해서 3개의 단계를 거쳐서 발전해 나가는 것을 말합니다.

⊕ **다양한 물건을 인터넷에 연결해요**

1단계 : 일단 인터넷에 연결해요!

IoT가 보급되는 데 있어, 첫 단계는 다양한 물건을 인터넷에 연결하는(IoT화) 거예요. 지금 당장은 쓸모가 없고 도움이 안 되는 물건이라도 일단 인터넷에 연결하는 것이 중요합니다.

2단계 : 물건을 사용하는 방법이 늘어나요

일단 물건을 인터넷에 연결하면, 수집된 데이터를 확인할 수 있고 인터넷을 통해서 조작할 수 있게 됩니다. 즉 새로운 사용법이 생겨나는 거예요. IoT화로 인해 물건을 더 편리하게 사용할 수 있게 되는 단계입니다.

IoT화된 쓰레기통이 1개월간 나온 쓰레기의 양을 데이터로 정리해 알려줍니다.

3단계 : 물건과 물건이 서로 협력해요

마지막 단계에서는 IoT화된 물건끼리 협력하기 시작해요. 많은 물건들이 짝을 이뤄서 사람의 생활이 더 편리해지도록 작동합니다.

IoT화된 쓰레기통이 '최근 쓰레기 배출량이 많다'라고 판단하면, 프린터가 쓰레기의 양을 줄일 수 있는 방법을 알려줍니다.

 이미 IoT화된 물건들도 있어요

우리 주변에도 인터넷이 연결된 의외의 기기들이 많답니다. 예를 들어, 스마트폰과 로봇 청소기가 짝을 이뤄서 사람이 외출하면 자동으로 청소를 시작하는 등, 3단계의 IoT 기술이 적용된 것들도 있으니 찾아보세요.

Chapter 2-05
쌀알보다 작은 센서를 온 지구에 흩뿌린다고!?

먼지 같이 작은 센서 '스마트 더스트'를 지구 전체에 흩뿌리면 인간의 눈으로는 볼 수 없는 미세한 데이터를 수집할 수 있게 됩니다.

🌐 지구에 떠다니는 스마트 더스트

쌀알 크기보다 작은 스마트 더스트가 지구 구석구석의 데이터를 수집할 수 있습니다.

센서가 구석구석까지 도달해요

먼지처럼 작은 센서를 대량으로 흩뿌리면 <u>빛이나 자기 등 미세한 데이터를 모으는 것이 가능하다고 해요</u>. 숲, 바다 같은 자연 속이나 도로, 다리에서 느낄 수 있는 작은 변화를 측정해서 환경을 지키거나 사고를 방지하는 데 활용할 수 있는 거예요.

'전력을 어떻게 공급할까'를 연구하고 있어요

쌀알보다 작은 엄청난 양의 센서를 충전하거나 배터리를 교환하는 것은 불가능해요. 그래서 <u>열이나 빛, 진동 등 센서 주변 환경에서 에너지(전기)를 얻는 연구</u>를 진행하고 있답니다.

🌐 자연에는 에너지(전기)를 얻을 곳이 많아요

태양광으로부터 전기를 만들어요.

인간이 내는 열로부터 전기를 만들어요.

다리의 흔들림(진동)으로부터 전기를 만들어요.

 모두가 주목하는 스마트 더스트

사실 '스마트 더스트'라는 아이디어 자체는 1990년경부터 있었다고 해요. 하지만 전력이나 비용 등 처리해야 할 문제가 많아서 현실화되지 못했지만, 연구는 계속되고 있어요.

Chapter 2-06
데이터의 힘으로 야구의 작전도 바뀌었어요!

IoT의 발달로 수많은 데이터를 모아서 분석하는 것이 가능해졌어요. 데이터 덕분에, 지금까지 당연하다고 생각했던 것들이 바뀌고 있답니다.

🌐 카메라로 플레이를 기록해요

카메라와 분석 시스템을 이용해 선수와 공의 움직임을 데이터화합니다.

모든 플레이를 데이터화할 수 있어요

우리나라의 프로야구나 미국의 메이저리그에서는 야구장에 설치된 카메라와 데이터 분석 시스템을 이용해서 <u>볼의 속도나 궤적, 선수의 움직임 등을 기록하고 있어요</u>. 그 데이터를 선수들의 실력 향상이나 새로운 작전을 만드는 데 이용하고 있고요.

올려 치는 편이 안타가 되기 쉽다!?

지금까지 오랜 야구의 역사에서, 땅볼(땅 위를 굴러가는 타구)을 치는 것이 점수로 이어지기 쉽다고 생각해 왔어요. 하지만 수많은 데이터를 모아 분석해 보니 전혀 다른 사실이 드러났어요. <u>뜬공(하늘로 쏘아 올린 타구)이 안타나 홈런으로 이어져 득점이 될 확률이 높았던 거예요.</u>

어떤 속도의 타구를 어떤 각도로 때려야 안타가 되기 쉬운지도 데이터를 통해 알 수 있게 되었어요.

이쪽으로 날아올 거야!

어디로 날아갈지 알아요

공격하는 선수의 <u>데이터를 분석해서 수비 위치를 크게 바꾸는 작전</u>(수비 시프트)은 흔하게 볼 수 있어요. 예를 들어 오른쪽으로 타구를 날릴 확률이 높은 타자가 나왔다면, 내야수 모두가 오른쪽으로 이동해서 수비하는 방식을 말해요.

이 작전은 효과가 너무 좋아서 메이저리그에서는 2023년부터 금지되었어요.

 이제는 '데이터 주도 사회'입니다

다양한 곳에서 수집한 데이터가 엄청난 효과를 발휘하는 사회, 즉 데이터의 힘에 의해 움직이는 사회를 '데이터 주도 사회'라고 부른답니다.

▶Chapter 2-07
신발에서 수집한 데이터를 의사가 사용한다고?

다양한 물건이 센서가 되어 데이터를 수집해 나간다면, 이전에는 상상도 못 했던 사용법이 등장해 세상을 바꿀지도 모릅니다.

⊕ IoT 시대에는 다양한 것들이 데이터화됩니다

신발이 얼마나 닳았는가?			
4mm	2020년 2월~	21세 남자
2mm	2020년 6월~	19세 여자
2mm	2020년 3월~	71세 남자

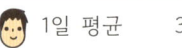			
1일 평균	3시간	19세 남자
1일 평균	4시간	20세 여자
1일 평균	1.5시간	41세 여자

데이터를 쌓아 나가면 사용법도 보이기 시작해요!

IoT가 사회 전체에 퍼져 나간다면, 전혀 예상하지 못했던 데이터 사용법이 발견되는 경우도 생깁니다. "이런 것을 어디에 쓰지?"라고 생각하는 데이터가 누군가에게는 간절히 원하는 데이터일 수도 있는 거예요.

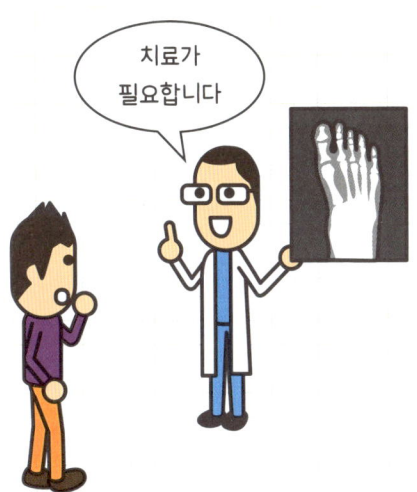

병의 증상을 데이터로 발견해요

신발이 많이 닳아 있는 사람의 데이터가 가장 필요한 사람은 신발 가게 주인일 수 있어요. 새 신발을 팔 수 있으니까요. 하지만 전혀 다른 사람이 그 데이터를 원할 수도 있어요. <u>신발이 비정상적으로 닳는 것은 척추나 발에 문제가 있기 때문일지도 몰라요. 즉 치료를 권하고 싶은 의사에게도 필요한 데이터랍니다.</u>

잠들지 못하는 사람을 데이터로 찾아요

밤 11시 이후에 스마트폰을 쓰고 있는 사람들의 데이터는 어떻게 활용될까요? 밤 늦게까지 스마트폰을 사용한다면 잠들지 못하는 것이 고민일지도 몰라요. <u>잠을 잘 자도록 도와주는 베개를 팔고 있는 사람이라면, 그 데이터가 꼭 필요하지 않을까요?</u>

 데이터는 '21세기의 석유'

20세기에는 석유가 사람들의 생활을 편리하고 풍요롭게 해주었어요. 그런데 21세기엔 데이터가 가장 중요한 자원이 될지도 모르겠네요.

Chapter 2-08
IoT가 모은 데이터는 누구의 것일까?

다양한 물건들이 IoT화되는 것이 좋은 것만은 아니에요. 자신의 데이터를 나쁜 사람들이 악용할 수도 있기 때문이에요. 그래서 개인의 데이터를 안전하게 관리해 주는 시스템이 필요해졌어요. 이런 시스템을 우리나라는 '마이데이터', 일본은 '정보은행'이라고 불러요.

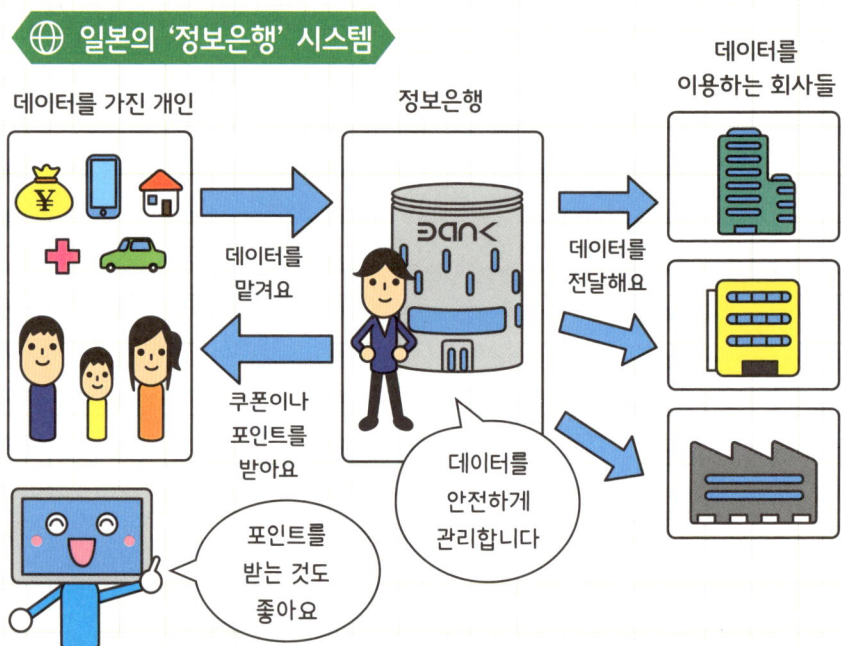

개인의 데이터를 관리하는 '마이데이터'

IoT가 퍼져 나가면 다양한 물건이 데이터를 수집하게 돼요. 그러면 자신의 데이터가 멋대로 사용되는 일이 생길지도 몰라요. <u>그런 일을 막기 위한 시스템 중의 하나가 우리나라의 '마이데이터'예요. 개인이 맡긴 데이터를 어디에 전달할지 판단하고 안전하게 관리해줘요.</u>

돈을 관리하는 은행처럼 엄격하게 심사해요

'정보은행'의 직원들이 나쁜 일을 한다면 안심하고 데이터를 맡길 수 없을 거예요. 돈을 관리하는 은행은 국가의 엄격한 심사를 통과해야 돼요. 이와 마찬가지로 <u>정보은행도 나라로부터 엄격한 심사를 받아서 모두가 안심하고 데이터를 맡길 수 있는 거예요.</u>

'정보은행'으로 인정받은 서비스 (2023년 5월 기준)

서비스	회사	허가 날짜
Paspit	주식회사 DataSign	2020년 2월 26일
보험 데이터 뱅크 서비스(가칭)	주식회사 milize	2021년 3월 11일
지역형 정보은행 서비스(가칭)	중부전력 주식회사	2020년 2월 4일
데이터 신탁 서비스(가칭)	미쓰이스미토모 신탁은행 주식회사	2019년 6월 21일

https://tpdms.jp/certifi 를 바탕으로 작성했습니다.

정보를 지키려는 움직임은 세계 공통이에요

EU(유럽연합)는 2018년 GDPR(General Data Protection Regulation: 일반 데이터 보호 규칙)을 만들었는데, 개인이 자신의 정보를 스스로 관리할 수 있도록 하는 규칙이에요. EU에 속한 국가들뿐 아니라 EU 소속 국가와 거래하는 회사들도 지켜야 하는 규칙이어서, 개인의 데이터를 신중하게 다뤄야 한다는 인식이 전 세계에 퍼지게 되었어요.

Chapter 2-09
인간의 뇌가 인터넷에 직접 연결된다면...

뇌와 기계를 직접 연결하는 시스템을 BMI(Brain-machine Interface)라고 불러요. 만약 BMI가 널리 퍼진다면 뇌를 IoT화하는 시대가 올지도 모르겠네요.

🌐 뇌와 컴퓨터를 연결하는 BMI

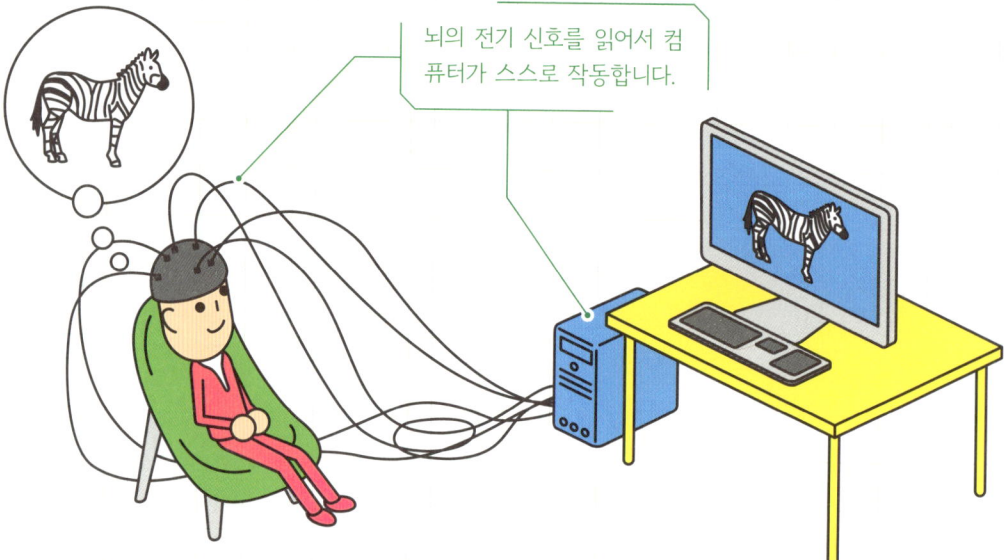

뇌의 전기 신호를 읽어서 컴퓨터가 스스로 작동합니다.

생각으로 컴퓨터를 작동할 수 있어요

우리의 생각은 뇌 속의 전기 신호라고 할 수 있어요. 이것을 기계가 읽을 수 있다면 <u>사람은 생각만으로도 컴퓨터를 움직일 수 있을 거예요. 이렇게 뇌와 컴퓨터를 연결하는 BMI 연구가 진행되고 있어요.</u> 지금은 IoT가 다양한 물건을 인터넷에 연결하고 있지만, 언젠가 뇌까지 IoT화하는 시대가 올지도 모른답니다.

몸이 불편해도 생각으로 작동할 수 있어요

사고나 병으로 의수를 하고 있는 사람을 생각해보세요. 만약 의수를 BMI와 조합한다면 <u>생각만으로도 의수를 움직일 수 있게 됩니다.</u>

로봇 팔을 내 팔처럼 사용할 수 있어!

머릿속의 생각을 컴퓨터가 읽어서 로봇 팔을 움직이게 할 수 있어요.

자신의 생각이나 감각을 그대로 전할 수 있어요

말이나 그림, 몸짓과 손짓만으로는 상대에게 잘 전달되지 않을 때가 있어요. 이럴 때 BMI를 쓴다면, <u>자신이 머릿속에 떠올리고 있는 것을 그대로 상대에게 전할 수 있게 됩니다.</u>

자신의 머릿속에 있는 것을 다른 사람과 공유할 수 있어요.

 뇌에 심는 것이 '침습형', 센서로 읽는 것이 '비침습형'

BMI에는 2가지가 있어요. 수술을 통해 뇌 안에 장치를 심는 것이 '침습형', 장치를 심지 않고 센서로 뇌의 신호를 읽어내는 것이 '비침습형'이에요.

Chapter 2
IoT 복습 퀴즈

1. 사람의 눈에는 보이지 않는 미세한 데이터를 수집할 수 있는, 먼지처럼 작은 센서는 무엇인가요?

- A 5G
- B 커넥티드 볼
- C 스마트 더스트

2. 개인의 데이터를 통합 관리하는 서비스를 우리나라에서는 뭐라고 부르나요?

- A LPWA
- B 마이데이터
- C 스마트 워치

3. 뇌와 기계를 직접 연결하는 기술은 무엇인가요?

- A 이동통신 시스템
- B IoT화
- C BMI

정답은 155 페이지에!

Chapter 3

인터넷상에 펼쳐지는 '또 하나의 세계'
메타버스

메타버스에서는 "자유롭게 하늘을 날고 싶어!"
"공룡이 살던 시대로 시간여행 하고 싶어!"와 같은
말도 안 되는 꿈도 이룰 수 있어요.
현실과는 다른 규칙으로 움직이는 '또 하나의 세계'로 출발!

Chapter 3 - 01

익숙했던 풍경이 확 바뀌어요! 메타버스 삼총사

현실과 가상의 공간을 합쳐서 새로운 체험을 만들어내는 다양한 디지털 기술을 'XR(Extended Reality: 확장현실)'이라고 해요. 그중에서도 'VR', 'AR', 'MR' 삼총사는 메타버스 시대를 이끌 대표 기술입니다.

가상의 세계를 즐기는 사람

머리에 기구(헤드마운트 디스플레이)를 쓰는 것만으로, 가상의 공간에 들어갈 준비가 끝납니다.

오오, 굉장해!

VR: 가상의 세계를 여행할 수 있어요!

VR은 'Virtual Reality'를 줄인 말로, 우리말로는 '가상현실'이라고 해요. 현실 세계와는 또 다른 공간을 만들어서 마치 그 안에 들어간 것 같은 체험을 할 수 있는 기술입니다.

AR: 현실 세계에 디지털을 덧입혀요

AR은 'Augmented Reality'를 줄인 말로, 우리말로는 '증강현실'이라고 해요. **현실의 풍경에 디지털 정보를 덧입히는 기술**이라고 할 수 있어요.

현실 세계의 풍경을 비추고 있는 스마트폰 화면에 캐릭터를 등장시킬 수도 있어요.

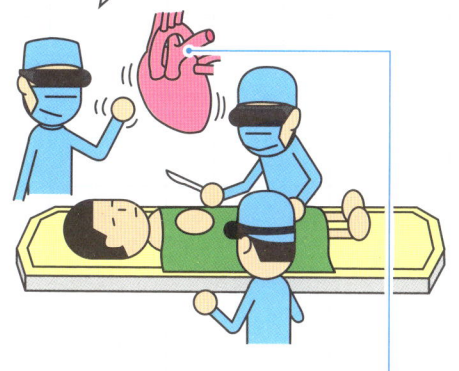

MR: 현실과 디지털이 하나로 융합돼요

MR은 'Mixed Reality'를 줄인 말로, 한국어로는 '혼합현실'이라고 해요. AR보다 더 세밀한 현실 세계의 정보를 읽어낼 수 있어서, **마치 현실과 디지털이 섞여 있는 것 같은 체험이 가능합니다.**

'MR 안경'을 통해 심장의 3D 모델을 보면서 수술할 수 있습니다.

 이 밖에도 XR의 세계는 다양해요

과거의 영상을 현실 세계에 비추는 'SR(Substitutional Reality: 대체현실)'이란 기술도 XR의 한 종류로서 연구되고 있답니다.

Chapter 3-02

VR을 이용하면 얼마나 신나는 일이 벌어질까?

현실과는 다른 세계에 갈 수 있는 VR 기술을 이용하면 현실에서는 불가능한 체험을 하거나 가보고 싶은 시대로 시간여행을 할 수도 있습니다.

⊕ VR을 이용한 롤러코스터

VR에서는 롤러코스터를 멈추거나 되돌리는 등 현실에서는 불가능한 체험을 할 수 있답니다.

2배 빨리? 타보고 싶어요!

체험이 디지털화됩니다

상상할 수 있는 모든 것을 디지털 세계 안에서 체험할 수 있다는 것이 VR의 장점이에요. 집에서 신나는 롤러코스터를 즐길 수도 있어요. 그냥 <u>롤러코스터를 타는 것뿐만 아니라 도중에 멈추거나 되감는 등 현실에서는 불가능한 체험도 할 수 있어요.</u>

기분은 스포츠 선수! 짜릿한 VR 관전

VR이라면 경기장의 관중석보다 더 가까운 곳에서 스포츠 경기를 관람할 수 있어요. 스포츠뿐만이 아니에요. VR을 이용해 다양한 공연과 행사도 <u>더욱 몰입감 있는 체험을 할 수 있도록 기술이 진화하고 있</u>어요.

먼 옛날로 시간여행을 떠나요!

현실과는 다른 공간을 체험할 수 있는 VR이라면 공룡이 살던 시대처럼 아득히 먼 옛날로도 눈 깜짝할 사이에 갈 수 있어요. <u>실제로 역사 공부에도 VR이 활용되기 시작했다고 해요.</u>

VR이 있으면 메타버스가 더욱 즐거워요

스마트폰이나 컴퓨터 화면상에서도 메타버스를 가볍게 체험할 수 있어요. 하지만 VR을 이용하면 더욱 생생한 감각을 즐길 수 있답니다.

Chapter 3-03
현실과 디지털이 합쳐지는 AR과 MR로 무엇을 할 수 있을까?

VR이 완전히 다른 세계를 만드는 것이라면, AR과 MR은 현실의 풍경 위에 디지털 정보를 덧입혀서 현실을 더욱 편리한 공간으로 바꾸는 기술이라고 할 수 있어요.

🌐 자동차에 사용되는 AR

자동차의 앞 유리창에 경로나 제한속도 등의 디지털 정보가 표시되고 있어요.

원하는 정보를 앞 유리창에 표시해요

AR은 액정화면, 안경, 유리창 등을 통해 보이는 현실의 풍경에 정보를 덧입혀주어요. 예를 들어 자동차의 앞 유리창에 현재 속도, 앞차와의 거리 같은 정보를 표시해서 운전자를 도와주는 시스템은 이미 사용되고 있답니다.

현실과 디지털이 더 가까워지는 MR

현실과 디지털이 융합된 MR은 AR보다 더욱 세밀한 현실 세계의 정보를 읽어낼 수 있어서 'AR의 진화형'이라고 불려요. <u>AR보다 정확하게 현실 세계에 디지털 정보를 덧입히고 싶을 때 사용됩니다.</u>

🌐 MR의 다양한 사용법

빌딩 공사에 'MR 안경'이 사용되는 모습. 앞으로 지을 예정인 빌딩을 현실 세계에 정확하게 덧입힐 수 있어요.

도시의 풍경과 진짜 잘 어울려!

꽤 크구나

설정만 바꾼다면

상대에게는 다른 옷으로 보이지

저 사람은 언제나 멋있네

MR 안경을 쓴 사람에게는 매일 다른 옷을 입고 있는 것 같이 보이니까, 옷은 한 벌로 충분할 수 있어요.

VR, AR, MR... 내가 만들고 싶은 세계에 맞춰 선택해요

현실에서는 할 수 없는 체험을 하고 싶다면 VR, 현실 세계를 더욱 편리하고 쾌적하게 만들고 싶다면 AR이나 MR이 적합합니다.

Chapter 3-04

하늘을 날고 거대해지고...
생각대로 이루어지는 세계!

현실 세계에서는 불가능한 일이 메타버스에서는 아주 쉬워요. 자신의 모습이나 능력을 마음대로 바꾸고 원하는 공간을 자유롭게 만들어요.

🌐 모습도 능력도 내 맘대로, 메타버스

중력이 없는 메타버스에서는 자유롭게 하늘을 날 수 있어요.

아바타
메타버스나 게임에서 사용하는 자신의 분신과도 같은 캐릭터를 말해요.

아바타를 만들고 자유롭게 행동할 수 있어요!

메타버스에서 나를 대신하는 아바타를 내 맘대로 만들 수 있어요. 얼굴 모습과 몸도 내 맘대로, 옷도 내 맘대로, 능력도 내 맘대로 할 수 있어요. <u>현실과 똑같은 모습으로 만들 필요가 없어요. 현실과 정반대의 모습, 평소에 꿈꾸던 모습이 될 수 있답니다.</u>

🌐 원하는 공간을 자유롭게 만들어요

- 대단해요!
- 멋질 거 같아요!
- 여유를 즐겨요
- 여러 가지 방법으로 즐길 수 있어요!

내 취향에 딱 맞는 공간을 만들 수 있어요!

<u>메타버스상에서 자유롭게 건물을 짓고 아이템을 배치할 수 있어요.</u> 모두가 놀랄 만한 훌륭한 건물을 지어서 주목받을 수 있고, 좋아하는 아이템들을 모아서 느긋하게 즐길 수도 있어요. 메타버스를 즐기는 방법은 이렇게 다양하답니다.

 스스로 만들어 가는 즐거움이 있어요!

메타버스 또는 메타버스와 비슷한 서비스들은 대부분 원하는 공간을 직접 만들 수 있게 해줘요. 스스로 만들어 가는 즐거움 때문이죠.

Chapter 3 - 05
다양한 친구들이 모이는 수많은 메타버스가 존재해요

메타버스는 단 하나의 세계가 아니에요. 사람들이 하고 싶어 하는 일이나 취향이 제각각이니까, 지금도 수없이 생겨나고 있다고 생각해야 해요.

메타버스가 하나뿐이라면 어떻게 될까요?

현실 세계가 단 하나인 것처럼 메타버스가 하나밖에 없다면 어떤 일이 일어날까요? 모두가 모이니까 북적북적 즐거운 공간이 될 것 같지만, 취향은 사람마다 달라서 모두가 좋아하긴 어려워요. 메타버스가 하나뿐이라면 분명히 즐겁게 지내지 못하는 사람이 생길 거예요.

메타버스 사용법은 수없이 많아요

메타버스는 수없이 많아서 마음이 맞는 사람들끼리 모여 있을 수 있어요. 모두가 일을 하고 있는 메타버스, 즐겁게 게임을 즐기는 메타버스, 또는 여유롭게 수다를 떨고 있는 메타버스도 있답니다.

 메타버스의 기반이 되는 '플랫폼'

많은 메타버스들이 '플랫폼'이라고 불리는 바탕 위에서 만들어져요. 로블록스, VR챗, 샌드박스 등이 유명하고, 우리나라 회사 네이버가 만든 '제페토'도 있어요.

Chapter 3-06
이미 메타버스를 체험하고 있을지도 몰라요

메타버스가 뭔지 모른다고 말하는 사람들도 사실은 메타버스와 비슷한 게임을 즐기고 있답니다. 정말이냐고요? 지금부터 알아보아요.

⊕ '모여봐요 동물의 숲'

목표가 정해져 있지 않은 게임

2020년에 나온 '모여봐요 동물의 숲'은 섬에서의 자유로운 생활을 즐기는 게임으로, 클리어 조건이 따로 없어요. **가상의 '생활공간'에 모여 살아가는 이 게임은 게임이라기보다 메타버스에 가깝다고 생각할 수 있어요.**

싸우는 것이 다가 아닌 배틀로얄 게임

세계적으로 인기를 끌고 있는 슈팅 게임 '포트나이트'를 아세요? 박진감 넘치는 전투를 즐길 수 있는 것이 특징이지만, 플레이어 마음대로 자신의 섬을 만드는 모드도 인기가 많아요. 이로 인해 '포트나이트'는 메타버스의 하나로 취급되기도 해요.

'포트나이트'

많은 종류의 아바타가 있는 것도 인기가 많은 이유 중의 하나예요.

'로블록스'

게임을 만들어 함께 즐겨요

'로블록스'는 플레이어들이 자유롭게 게임을 만들 수 있는 서비스예요. 여러 명이 함께 하나의 게임이나 공간을 만드는 것부터, 비밀 기지 같은 곳에 모여 함께 노는 것도 가능해요.

자신이 만든 게임을 즐길 수 있고, 다른 사람이 만든 게임을 플레이할 수도 있어요.

 프로그래밍을 공부하는 '게임 만들기'

'로블록스'는 나이 어린 플레이어가 많다고 알려져 있어요. 게임을 만드는 작업은 프로그래밍(5장에 나와요)을 공부할 수 있는 좋은 방법이 된답니다.

Chapter 3-07
놀이, 일, 공부까지! 메타버스 안에서 살아가는 미래

메타버스 안에서 할 수 있는 것들이 점점 늘어나고 있어요. 현실 세계에는 없었지만 메타버스로 인해 생겨나기 시작한 새로운 일들도 있어요.

🌐 뭐든지 가능한 메타버스

놀이
자유로운 공간에서 마음이 맞는 사람들과 즐겁게 지낼 수 있어요.

공부
현실보다 자유로운 공간에서 즐겁게 배울 수 있어요.

일
메타버스를 더욱 풍요롭게 하는 새로운 일들로 돈을 벌 수 있어요.

메타버스에서 살아갑니다!

메타버스로 이사가는 미래가 온다?

처음엔 메타버스에서 게임만 했지만, 이제 공부도 하고 일해서 돈도 벌 수 있게 되어 가고 있어요. <u>메타버스에서 돈을 벌 수 있다면, 일하기 위해 메타버스에서 현실로 돌아올 필요가 없어요.</u> 가까운 미래엔 현실보다 메타버스에서 긴 시간을 보내는 사람들이 많아질 거예요.

메타버스의 방을 디자인하는 일

메타버스에서 원하는 공간을 자유롭게 만드는 일은 즐겁지만, 혼자서는 잘 되지 않아 곤란해하는 사람들도 있어요. 그런 사람들을 위해 <u>메타버스에 있는 건물이나 방 꾸미기를 도와주는 직업</u>이 이미 존재해요.

메타버스 공간 디자이너: 상담이나 작업, 요금의 지불 등이 모두 메타버스에서 이루어집니다.

아바타를 만들어주는 일

사람들은 자신의 마음에 꼭 드는 아바타로 메타버스를 즐기길 원해요. 그래서 <u>멋진 아바타를 만드는 일</u>도 있어요. 자신이 만든 아바타 작품을 팔거나 고객의 취향이나 요구에 맞춰 새로운 아바타를 만들기도 해요.

아바타 디자이너

📝 **재미있는 게임을 만들어 돈을 벌어요**

앞에서 소개한 메타버스 플랫폼 '로블록스'에서는 자신이 만든 게임이나 게임 안의 아이템을 판매해서 돈을 벌 수 있어요.

Chapter 3 - 08
메타버스에 현실의 거리가 등장하기 시작했어요!

메타버스는 기본적으로 가상의 세계를 보여주는 것이지만, 최근에는 현실 세계의 거리를 메타버스상에서 재현하기도 한답니다.

🌐 **여기는 평행현실**

2021년 일본에서는 '시부야' 거리를 메타버스상에 만들었어요. 세계 어디서라도 시부야 거리를 즐길 수 있었어요.

현실에 있는 거리를 재현!

디지털 세계에 만들어진 현실 세계

현실에 존재하는 장소를 메타버스에 똑같이 만들면 뭐가 좋을까요? <u>먼 나라에 있는 사람들도 비행기를 타지 않고 바로 방문할 수 있어요.</u> 또 메타버스라면 그 거리에서 보물 찾기를 하거나, 메타버스에만 있는 특별한 장소를 만들 수도 있어요.

메타버스라서 연출이 더 자유로운 음악 이벤트!

2020년부터 전 세계 사람들의 발길을 묶었던 감염병, 코로나19예요. 사람들은 여행도 갈 수 없고 공연도 보러 갈 수 없었죠. 하지만 메타버스가 있었어요. 메타버스로 유명한 여행지도 관광하고 신나는 음악 공연도 함께할 수 있었어요. <u>특히 현실에서는 불가능한 연출이 가능해 더 박진감 넘치는 공연을 볼 수 있었다고 하네요.</u>

🌐 버츄얼 음악 공연

2022년 개최된 '버츄얼 오키나와', 박진감 넘치는 라이브 공연이었습니다.

 현실 세계를 닮은 메타버스를 '미러 월드'라고 해요

메타버스는 현실과 다른 가상의 세계를 그릴 수 있고, 현실 세계와 가까운 분위기를 즐길 수도 있어요. 현실을 그대로 따라한 것을 '미러 월드(거울 세계)'라고 불러요. 물론 두 가지를 섞을 수도 있답니다.

Chapter 3-09
게임과 애니메이션은 메타버스 세상에 딱 맞아요

유명 게임이나 애니메이션이 전 세계적인 인기를 모으는 것은 어제오늘의 일이 아니에요. 그런데 애니메이션, 만화, 게임 등이 메타버스 세상과 만나면 어떤 일이 벌어질까요?

지금까지 가장 많이 팔린 게임 시리즈

순위	시리즈	회사	국가	수익금
1	포켓몬 (1996년~)	닌텐도	일본	900억달러
2	마리오 (1981년~)	닌텐도	일본	302.5억달러
3	콜오브듀티 (2003년~)	액티비전	미국	170억달러
4	닌텐도 위 (2006년~)	닌텐도	일본	148.8억달러
5	팩맨 (1980년~)	반다이남코 엔터테인먼트	일본	141.7억달러

※ http://titlemax.com/discovery-center/lifestyle/the-top-50-highest-grossing-vedio-game-franchises/ 를 바탕으로 작성했어요.

세계적으로 사랑받는 콘텐츠가 메타버스로

포켓몬과 마리오, 닌텐도를 모르는 사람은 없을 거예요. 위의 표에서 보듯이 게임과 애니메이션 분야에서는 일본이 많은 팬들을 거느리고 있어요. 하지만 우리나라도 최근 게임, 웹툰 등에서 훌륭한 콘텐츠들을 만들어내고 있어요. 이렇게 즐거운 세계나 친숙한 캐릭터들은 메타버스에 딱 어울려요.

또 하나의 '즐거운 세계'를 만들어요

가상의 공간도 아바타도 자유롭게 만들 수 있는 메타버스가 게임이나 애니메이션과 만나면 더 큰 즐거움을 맛볼 수 있어요. 내가 좋아하는 캐릭터를 아바타 삼아 다양한 메타버스를 여행할 수 있고, 특별한 게임을 좋아하는 <u>전 세계 사람들이 메타버스 공간에 모여 소통할 수 있는 미래가 곧 펼쳐질 거예요.</u>

⊕ 좋아하는 캐릭터를 아바타로

재밌어요!

내가 좋아하는 캐릭터가 됐어!

지금까지 쌓아온 캐릭터를 활용하는 'IP 메타버스'

IP(Intellectual Propert: 지적 재산권)란 애니메이션 캐릭터나 게임 콘텐츠 등의 사용 권리를 말해요. 일본의 반다이남코란 회사는 IP 부자라고 불려요. 호빵맨, 건담, 드래곤볼, 나루토, 울트라맨 등 수많은 캐릭터들을 갖고 있기 때문이죠. 그래서 회사의 콘텐츠를 좋아하는 팬들이 모일 수 있는 IP 메타버스를 계획 중이라고 해요.

Chapter 3-10

AI가 진화하면 메타버스도 점점 더 발전해요!

1장에서 소개한 AI가 게임 세계에서도 활약하기 시작했어요. AI가 진화하면 할수록 메타버스가 더 발전해 나갈 것이라 기대되고 있어요.

⊕ 자연스럽게 움직이는 게임 캐릭터

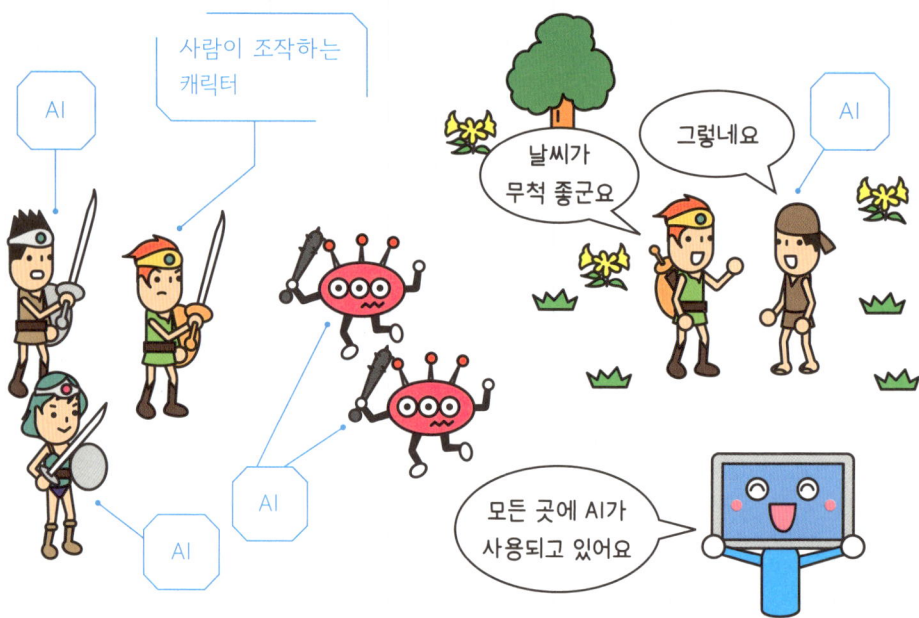

게임 안에서 활약하는 AI

게임의 세계에 등장하는 캐릭터 중에는 플레이어가 조작하는 것도 있지만, 자동으로 움직이는 것들도 많아요. 이러한 캐릭터에 AI를 적용하면 <mark>전투 상황에 따라 알아서 움직이거나 플레이어와 자연스러운 대화나 소통을 할 수 있게 되는 거예요.</mark>

인간인지 AI인지 모르겠다고요!?

마음에 드는 메타버스를 발견했는데, 사람이 없이 한산하다면 재미도 덜하고 외로울 거예요. <u>하지만 사람과 똑같이 행동하는 AI 아바타가 많은 메타버스</u>라면 재미있고 활기차게 지낼 수 있습니다.

> AI로 움직이는 아바타들

> 사람이 많아서 활기차군!

> 어떤 말을 해도 AI가 친절하게 대화를 해줍니다

> 모두 좋은 사람들이야...!

자신 이외는 전부 AI!

메타버스는 아니지만 비슷한 체험을 할 수 있었던 이벤트가 있었어요. 2020년 한 게임 회사가 이벤트의 하나로 인간이 없는 SNS를 만들었어요. 바로 '언더월드'예요. <u>자신을 빼고는 모두 AI인 SNS였죠. 싸울 일이 없는 아주 아주 평화로운 서비스였다고 전해져요.</u>

 AI 덕분에 더 쉽게 메타버스 공간을 만들 수 있어요

미국의 메타(예전의 페이스북)라는 회사는 "집을 만들어줘"라고 말만 하면 메타버스 공간을 만들어 주는 AI를 개발하고 있다고 합니다.

Chapter 3

메타버스
복습 퀴즈

1 메타버스나 게임 안에서 사용할 수 있는, 자신의 분신과도 같은 캐릭터는 무엇인가요?

- A 헤드 마운트 디스플레이
- B 아바타
- C 가상현실

2 차의 앞 유리창에 속도나 주의사항 등이 표시되는 것은 어떤 기술을 이용한 걸까요?

- A SR
- B VR
- C AR

3 메타버스에서 가능한 것은 다음 중 무엇인가요? 모두 고르세요.

- A 게임
- B 일
- C 공부

정답은 155 페이지에!

Chapter 4

디지털 세계에는 범죄도 많아요!
정보 보안

디지털 시대라고 좋은 일만 있는 것은 아니에요.
어떤 범죄가 있는지, 어떤 것을 조심해야 하는지
'소중한 것을 지키는 방법'에 대해 알아보아요.
모두가 알고 있어야 하는 상식이랍니다.

Chapter 4-01
중요한 정보를 가지고 있으면 그것 자체로 위험해요!

중요한 정보를 지키기 위해서 '정보 보안'은 3가지를 꼭 갖추고 있어야 해요. 바로 '기밀성', '무결성', '가용성'이에요. 지금부터 하나씩 소개할게요.

허가된 사람만 정보를 열람할 수 있어야 해요

회사에 소속된 사람만 볼 수 있는 정보입니다.

허가되지 않은 사람은 절대 볼 수 없습니다.

정보 보안의 3요소① 기밀성

'기밀성'이란 밖으로 빠져나가지 못하게 한다는 뜻이에요. 허가된 사람만 정보를 볼 수 있어야 해요. 예를 들면 회사 컴퓨터에 들어 있는 '고객 연락처'나 '신상품 설계도'는 다른 회사 사람이 봐서는 안 되는 정보예요. 기밀성을 위해서는 <u>'누구는 볼 수 있고 누구는 볼 수 없는지'</u>를 정해서 그것을 잘 지켜 나가는 게 중요해요.

정보 보안의 3요소② **무결성**

무결성이란 그 정보가 정확해야 된다는 뜻이에요. 예를 들어 중요한 서류의 내용을 누군가 제멋대로 바꾸어 버린다면 큰일이 날 거예요. 무결성을 지키기 위해서는 <u>데이터가 멋대로 수정되거나 파손되지 않도록 노력해야 합니다.</u>

정보 보안의 3요소③ **가용성**

어떤 정보를 원할 때 바로 사용할 수 있는 것을 '가용성'이라고 해요. <u>'기밀성'이나 '무결성'이 갖춰진 정보라고 해도, 필요할 때 사용할 수 없다면 아무 소용이 없어요.</u> 만약 벼락이 쳐서 컴퓨터가 멈춘다면 가용성이 없는 거예요. 그러니 벼락 대책을 세우는 것도 정보 보안 활동에 포함된답니다.

정보 보안의 적① **중요한 정보**

정보 보안이란 측면에서 보면, 중요한 정보를 가지고 있는 것 자체가 위험하다고 할 수 있어요. <u>어디에나 있는 흔한 정보를 노리는 사람을 없을 테니까요.</u> 가지고 있는 정보가 중요할수록 잘 지켜야 한다는 뜻입니다.

🌐 중요한 정보를 갖고 있으면 이미 위험합니다

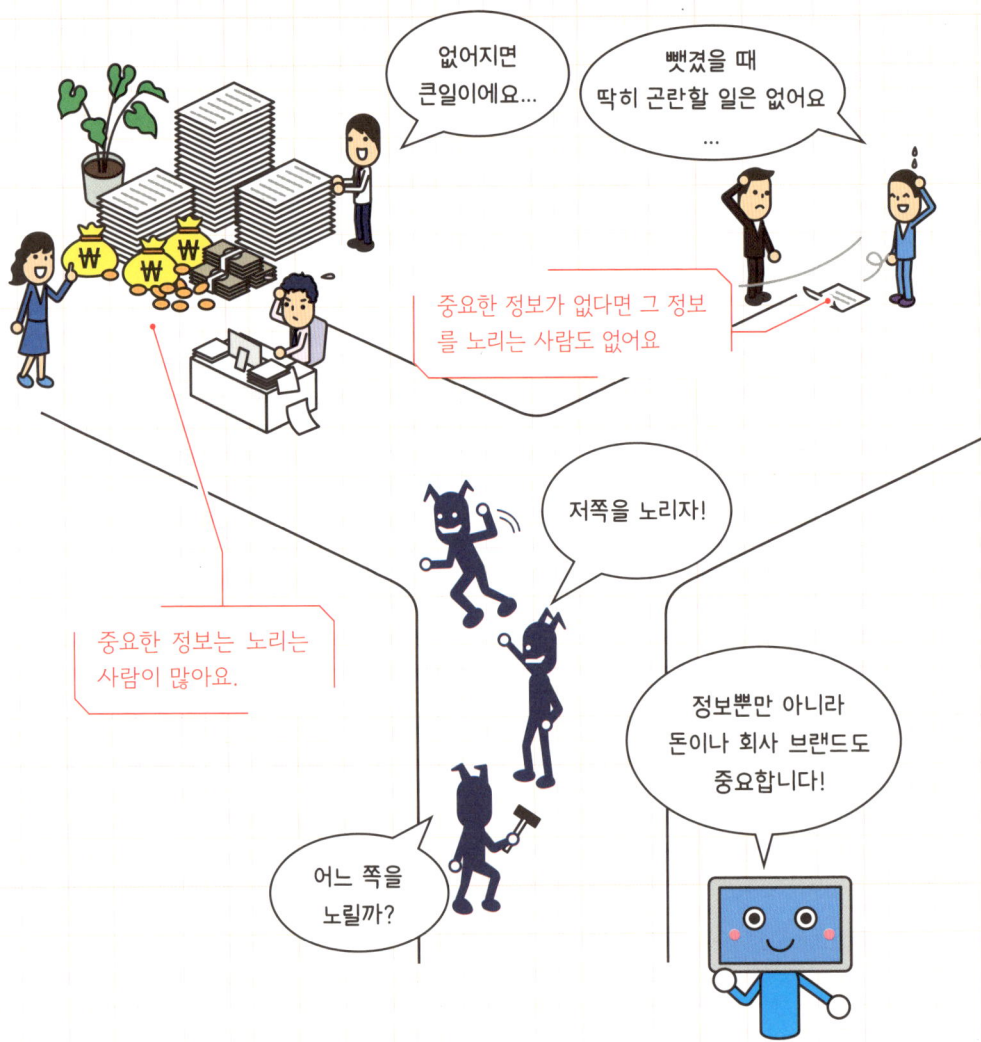

정보 보안의 적②
보안 위협

정보 보안에 문제를 일으키는 것 모두를 '보안 위협'이라고 하는데, 보안 위협에는 여러 종류가 있어요. 외부인이 네트워크에 침입해서 공격을 시도하는 것은 물론이고 <u>정전으로 인해 컴퓨터가 망가져 버리는 것도 보안 위협이라고 할 수 있어요.</u>

정보 보안의 적③
취약점

<u>취약점은 정보 보안에 있어서의 약점을 말해요.</u> 회사 앞문에는 경비원이 있지만 뒷문에는 지키는 사람이 없다면, 이 뒷문 같은 것이 취약점이라고 할 수 있어요. 누구나 침입할 수 있으니까요. 비밀번호가 걸려 있지 않은 스마트폰도 취약점이 될 수 있어요.

 보안 위협은 여기저기에 있어요

정보를 훔치려는 의도가 없는 사람도 작은 실수로 데이터를 지워버릴 수 있어요. 이렇게 의외의 곳에도 보안 위협이 있을 수 있다는 사실을 알아둬야 합니다.

Chapter 4-02
범죄자들은 다양한 방법으로 공격을 시도합니다

인터넷을 통해 다른 네트워크나 기기를 공격하는 행동을 '사이버 공격'이라고 합니다. 이런 공격은 데이터를 훔치거나 사람을 속여서 돈을 빼앗는 등 다양한 목적으로 이루어지고 있답니다.

🌐 **멀웨어에 감염된 컴퓨터**

"돈을 지불하세요"라고 지시하는 화면이 출력되는 멀웨어

앗! 이 화면은 뭐지?

범죄를 저지르기 위해 만들어진 '멀웨어'

멀웨어란 바이러스 등 악성 소프트웨어를 말해요. 처음에는 장난으로 만들어진 것이 많았지만, <u>최근엔 정보를 빼내거나 돈을 빼앗아가는 등 나쁜 목적으로 만들어지는 멀웨어가 늘어나고 있어요.</u>

대량의 통신으로 서버를 지치게 하는 도스 공격

예를 들어, 10분에 20회 정도 접속할 것을 가정하고 만들어진 웹사이트에 초당 100회의 접속을 시도한다고 생각해 봐요. 이렇게 그 <u>시스템이 처리할 수 없는 양의 통신으로 문제를 일으키는 것을</u> '도스(DoS) 공격'이라고 합니다.

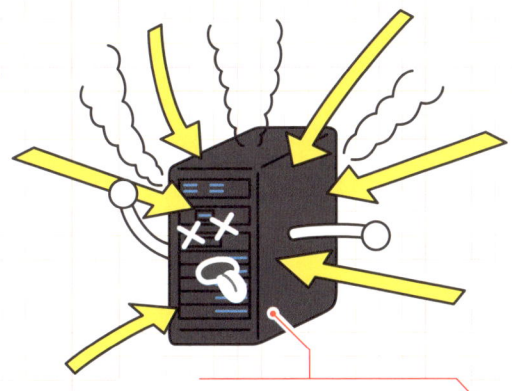

처리 능력을 넘어서는 부담이 가해지면 서버가 지치게 되어 느려지거나 멈출 수 있어요.

주인을 알 수 없는 장치에 주의!

인터넷뿐만 아니라 USB 메모리 등 데이터가 들어 있는 장치에도 주의해야 해요. <u>누군가 멀웨어가 담긴 USB 메모리를 일부러 떨어뜨려 놓을 수도 있어요.</u> 주운 사람이 컴퓨터에 꽂게 된다면 즉시 멀웨어에 감염될 수 있답니다.

어, 누가 떨어뜨린 거지?

 '컴퓨터 바이러스'와 멀웨어는 다른 건가요?

정보 보안을 이야기할 때 자주 등장하는 '컴퓨터 바이러스'는 멀웨어의 하나라고 할 수 있어요. 멀웨어에는 바이러스 말고도 종류가 다양해요. 무해한 프로그램으로 위장해 침입하는 '트로이 목마' 같은 것들도 있답니다.

Chapter 4-03
공격에는 '무차별 공격'과 '표적형 공격'이 있어요!

사이버 공격의 종류는 크게 2가지로 나눌 수 있습니다. 이 중에 '표적형 공격'은 목표물의 특징을 분석한 후에 이루어진답니다.

⊕ 무차별 공격

많은 사람들이 있는 곳에서 공격을 시도합니다.

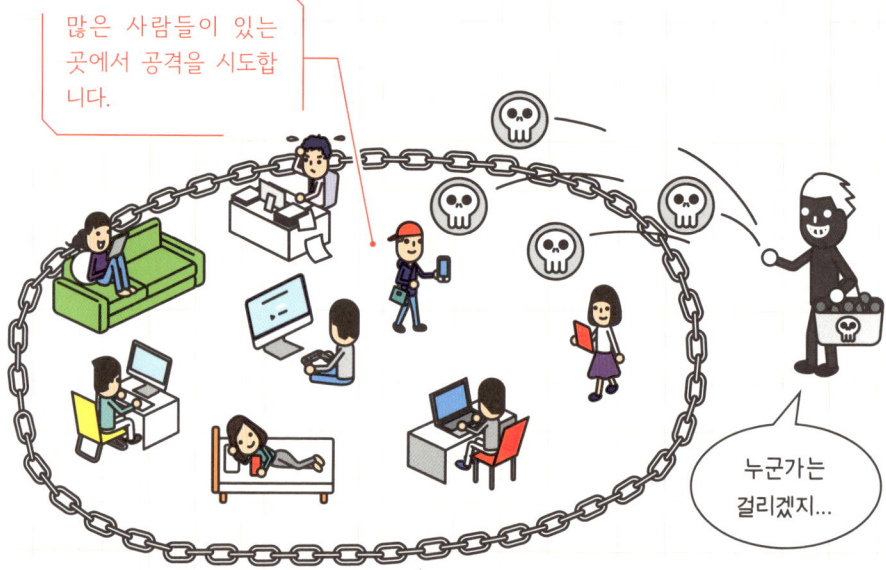

누군가는 걸리겠지…

'누가 걸려도 좋아!' 무차별 공격

무차별 사이버 공격이란 <u>따로 목표를 정하지 않고 가능한 한 많은 사람에게 시도하는 공격이에요.</u> 예를 들어 평범한 게임으로 위장한 멀웨어를 누군가가 다운로드할 때까지 기다리거나, 메일로 여러 사람에게 바이러스가 들어 있는 파일을 보내는 등의 방법이 있어요.

'확실하게 목표물을 처리한다!' 표적형 공격

부자로부터 돈을 갈취하거나 경쟁사로부터 원하는 정보를 훔치는 등 목표를 정해서 공격하는 것이 표적형 공격입니다. <mark>성공적인 공격을 위해 목표물의 행동 패턴 등을 세밀히 분석한 후에 공격을 시도한다고 해요.</mark>

🌐 표적형 공격

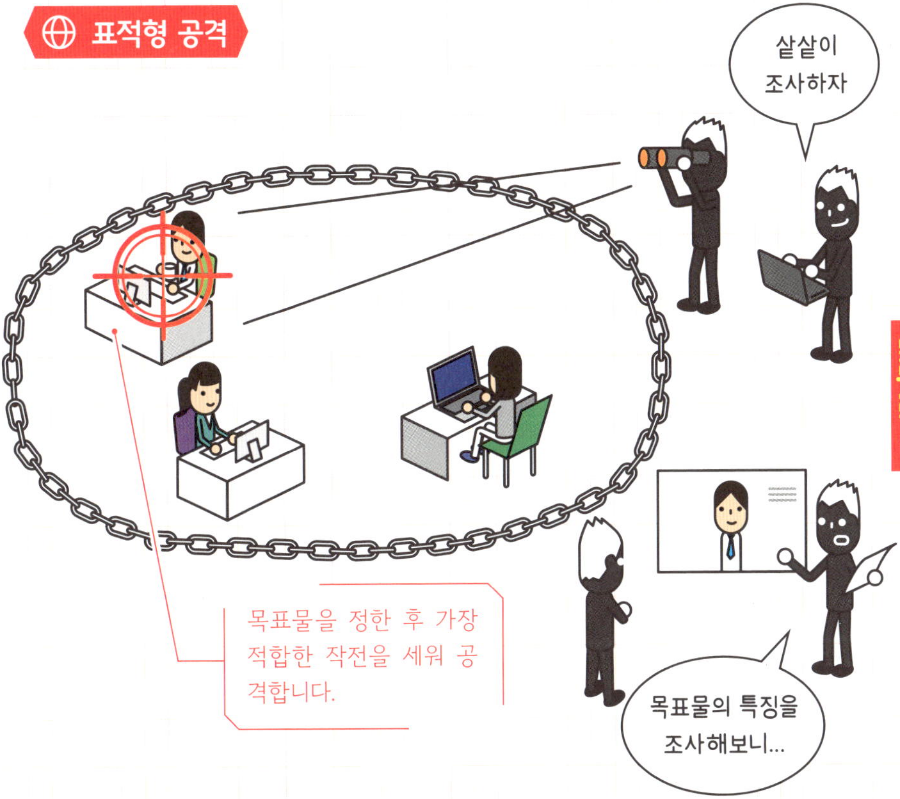

"샅샅이 조사하자"

목표물을 정한 후 가장 적합한 작전을 세워 공격합니다.

"목표물의 특징을 조사해보니…"

 '물웅덩이(워터링홀)'에 온 목표물을 공격해요

맹수들은 동물들이 물을 마시기 위해 자주 오는 물웅덩이에 잠복한다고 해요. 이처럼 목표물이 자주 방문하는 웹사이트에 멀웨어를 심은 후, 접속한 목표물을 공격하는 것을 '워터링홀 공격(Watering Hole Attack)'이라고 합니다.

Chapter 4-04
디지털 기술을 사용하지 않는 공격에도 주의합시다

'정보 보안'이라고 하면 모두들 디지털 기술을 사용하는 범죄에만 신경을 쓸 거예요. 하지만 디지털 기술을 사용하지 않고도 중요한 정보를 훔칠 수 있어요. 이런 것을 '소셜 엔지니어링 공격'이라고 하니 주의해야 해요.

비밀번호를 훔쳐본다

범죄자는 화면 밖에도 있다

컴퓨터나 스마트폰의 화면을 훔쳐보고 <u>비밀번호 등 중요한 정보를 훔치는 것을 '숄더 서핑'이라고 해요.</u> 주위를 신경 써야 하는 것은 당연하고, 컴퓨터나 스마트폰 화면에 엿보기 방지 필름을 붙이는 것이 좋아요.

쓰레기통 안엔 범죄자들이 탐내는 것이 가득해요!

쓰레기통을 뒤져서 그 안에서 정보를 빼내는 것을 '스케빈징'이라고 해요. 필요 없다고 해서 **중요한 서류를 쓰레기통에 그대로 버린다면, 그 정보를 악용하려는 사람들에게 넘기는 것이나 같아요.** 중요한 정보가 담긴 서류는 세단기(종이를 잘게 자르는 기계)로 처리한 뒤 버리는 것이 좋답니다.

🌐 버려진 정보를 노리는 사람들

끝났으니까 버리자

청구서
계약서
기획서(초안)

돈이나 의견이 오고 간 기록 등, 필요 없어진 서류에도 중요한 정보가 많이 담겨 있습니다.

중요한 정보가 가득하군!

 공격 준비에 쓰이는 '소셜 엔지니어링 공격'

목표물의 상세한 정보를 얻을 수 있는 '소셜 엔지니어링 공격'은 111페이지에서 소개한 표적형 공격을 준비하기 위해 사용되기도 합니다.

Chapter 4-05
비밀번호를 노리는 사람은 늘 우리 옆에 있어요

비밀번호는 스마트폰의 잠금 해제나 웹사이트 등에서 많이 사용되는데, 그만큼 도둑맞을 가능성이 크다고 생각하고 대비해야 합니다.

🌐 비밀번호의 함정

비밀번호는 언제든 도둑맞을 수 있어요

비밀번호를 쉽게 기억하기 위해 이름, 생일, 연속번호로 설정하면 뚫리기도 쉬워요. 그렇다고 복잡한 비밀번호를 적은 메모를 남겨두어서는 안 돼요. 그 메모를 누가 본다면 비밀번호가 악용될 수도 있으니까요.

모두 해보는 '무차별 대입 공격'

비밀번호를 알아내서 악용하려는 사람들이 쓰는 방법 중 하나가 '무차별 대입 공격'이에요. 예를 들어 주운 스마트폰에 4자리 숫자의 비밀번호가 설정되어 있다고 해봐요. 이 경우, '0000'부터 '9999'까지 1만 가지의 숫자 조합을 시도해보면 언젠가는 잠금이 풀리고 비밀번호를 알아낼 수 있어요.

정답을 알아낼 때까지 다양한 비밀번호를 시도해봅니다.

안일한 사람을 찾아내는 '역 무차별 대입 공격'

외우기 쉽다고 해서 간단한 비밀번호를 설정해 놓은 사람들도 있어요. 그런 사람들을 노리는 것이 '역 무차별 대입 공격'이에요. 예를 들자면, 간단한 비밀번호 하나를 정해서 여러 사람의 스마트폰에 테스트해 보는 것으로 그 비밀번호를 쓰고 있는 사람을 찾아내는 방법입니다.

'1234'를 비밀번호로 설정해 놓은 사람을 찾습니다.

인증 방법에는 여러가지가 있어요

인증(정말 그 사람인지 확인하는 것) 방법으로 가장 많이 쓰이는 것이 비밀번호이지만 그 외에도 방법이 있어요. 예를 들면 열쇠나 IC카드 등을 이용하는 '소유 기반 인증', 지문이나 얼굴 등 신체의 특징을 이용한 '생체 기반 인증' 등이에요. 더욱 편리하고 정확한 인증을 위한 방법은 지금도 계속 연구되고 있답니다.

🌐 주요 인증 방법

지식 기반 인증

· 비밀번호
· 개인식별번호
· 암구호 등

그 사람이 '알고 있는' 정보를 이용해 인증하는 방법입니다.

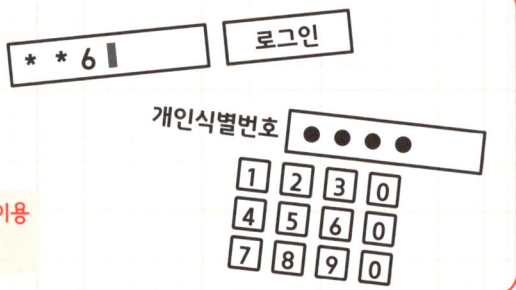

소유 기반 인증

· 열쇠
· IC카드
· 스마트폰 등

그 사람이 '가지고 있는' 물건을 이용해 인증합니다.

생체 기반 인증

· 지문
· 얼굴
· 성문(목소리) 등

그 사람이 '지니고 있는' 신체적 특징을 이용해 인증합니다.

🌐 **다중 요소 인증의 예**

돈을 인출하기 위해서는

현금카드　　　　개인식별번호
(소유 기반 인증)　(지식 기반 인증)

로그인 하기 위해서는

비밀번호　　　　스마트폰으로
(지식 기반 인증)　보내진 숫자
　　　　　　　　(소유 기반 인증)

여러 가지 인증을 함께 쓰면 더욱 안전합니다

인증 방법 중에는 '비밀번호 + IC카드'와 같이 다른 유형의 인증을 조합하는 방법도 있어요. 이것을 '다중 요소 인증'이라고 해요. 예를 들면 <u>비밀번호를 알아내도 IC카드가 없으면 로그인 할 수 없는 식이에요.</u> 이렇게 조합함으로써 더욱 안전해진답니다.

 '2연속 비밀번호'는 다중 요소 인증이 아니에요

두 종류의 비밀번호를 입력하는 인증은 같은 유형의 인증 방법을 두 번 사용하는 것이어서 '다중 요소 인증'이 아니라 '2단계 인증'이라고 할 수 있어요. 하나의 비밀번호가 유출되었다면 다른 하나의 비밀번호도 유출될 가능성이 높습니다.

Chapter 4-06
이상한 낌새가 느껴진다면 바로 격리하세요!

사용하고 있는 기기에서 이상한 신호를 감지했다면, 바로 네트워크 연결을 끊는 것이 좋아요. 그 후 혼자서 처리하기 어렵다면 CSIRT(컴퓨터 보안사고 대응팀) 등 정보 보안을 잘 아는 사람에게 연락하는 게 좋아요.

⊕ 네트워크 안을 돌아다니는 멀웨어

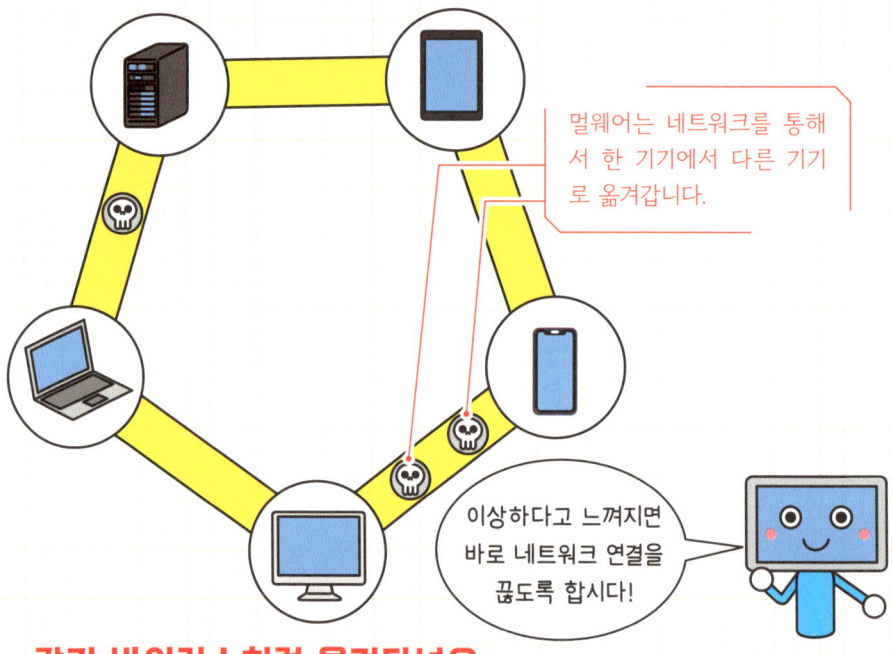

멀웨어는 네트워크를 통해서 한 기기에서 다른 기기로 옮겨갑니다.

이상하다고 느껴지면 바로 네트워크 연결을 끊도록 합시다!

감기 바이러스처럼 옮겨다녀요

멀웨어에 감염된 컴퓨터를 그대로 놔두면, 같은 네트워크 안에 있는 컴퓨터들도 감염될 수 있어요. 그렇게 되지 않도록 하려면, <u>이상한 낌새가 느껴지는 즉시 바로 네트워크 연결을 끊어서 격리하는 것</u>이 아주 중요하답니다.

잘 모르겠다면 CSIRT에 연락하세요

회사나 학교 등의 조직에서 컴퓨터가 멀웨어에 감염되는 등 보안 사고가 일어났을 때, 피해를 최소화하거나 뒤처리를 하는 팀을 CSIRT(Computer Security Incident Response Team: 컴퓨터 보안사고 대응팀)라고 불러요.

정보 보안을 지키는 CSIRT

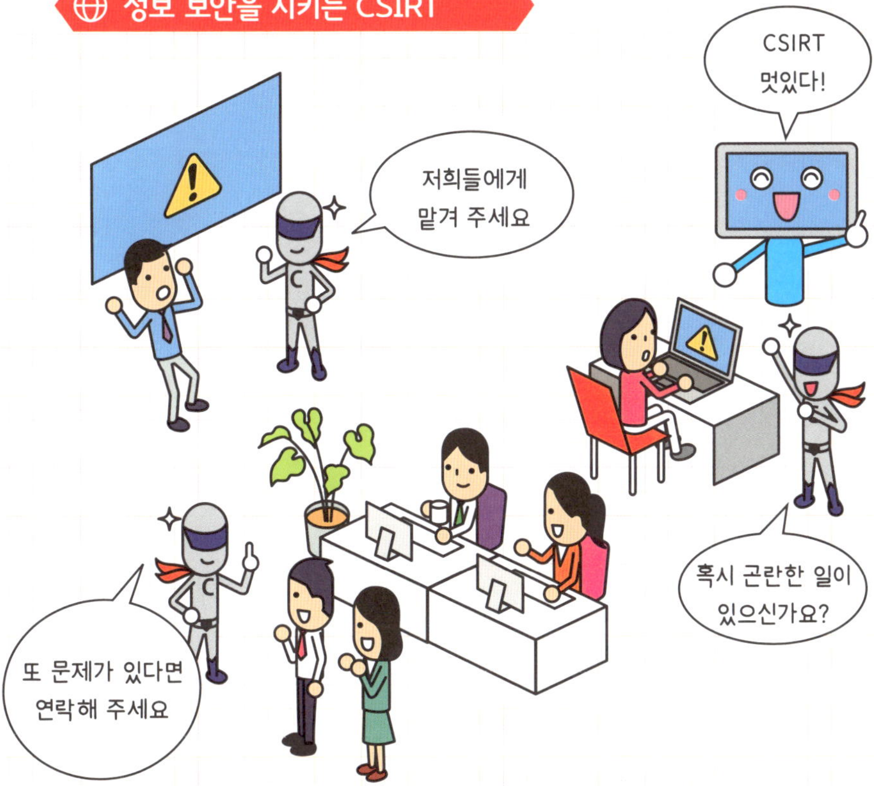

작은 사고라도 숨기면 안 돼요

예를 들어 수업 내용이나 회사 업무와 관계없는 웹사이트를 보다가 보안 사고가 발생했다면, 보고하는 게 꺼려질지도 몰라요. 하지만 방치하게 되면 피해가 더더욱 커지니까(118페이지), 어떤 작은 사고라도 숨겨서는 안 된답니다.

Chapter 4

Chapter 4-07

자동차가 갑자기 폭주한다고? IoT 시대에 숨겨진 위험

다양한 물건들이 서로서로 연결되는 IoT 시대가 기대되지만, 인터넷에 연결됨으로써 발생하는 위험도 있어요. 지금부터 자세히 알아보아요.

🌐 해킹 당한 자율주행차

어, 갑자기 왜 이래!?

인터넷에 연결된 자동차가 해킹 당한다면 갑자기 폭주하기 시작할지도 모릅니다.

인터넷에 연결된다는 것이 무서운 일일지도

IoT로 인해 세상은 더욱 편리해질 거예요. 하지만 전 세계가 연결된 인터넷상에는 나쁜 일을 꾸미는 사람들도 있어요. IoT의 편리함 뒤에는 악용되기 쉽다는 단점도 있다는 것을 꼭 기억해둬야 합니다.

실제로 발생한 무서운 IoT 테러

IoT화된 기기가 공격당하는 일은 지금까지 몇 번이나 있었어요. 2016년에는 베트남의 주요 공항들이 사이버 공격을 당해 시스템이 멈추게 되면서 사람들이 공포에 빠지기도 했어요. **공항의 전자 게시판이나 스피커가 범인들에게 탈취당해, 이상한 메시지와 음성이 흘러나왔다고 합니다.**

🌐 IoT 기기가 탈취당한 공항

 IoT 기기를 노리는 멀웨어

주로 IoT 기기를 노리는 멀웨어로 '미라이(Mirai)'가 있어요. 대량의 IoT 기기를 탈취한 후 '봇넷(botnet)'이라는 그룹을 만들어 일제히 사이버 공격을 하는 것으로 유명해요.

Chapter 4-08
벽을 세워서 외부의 공격을 막아요

네트워크 밖에서 오는 공격을 막기 위해서는 '방화벽'이나 '보안 소프트웨어'가 꼭 필요합니다. 절대 방심해서는 안 돼요.

방화벽이란 무엇인가

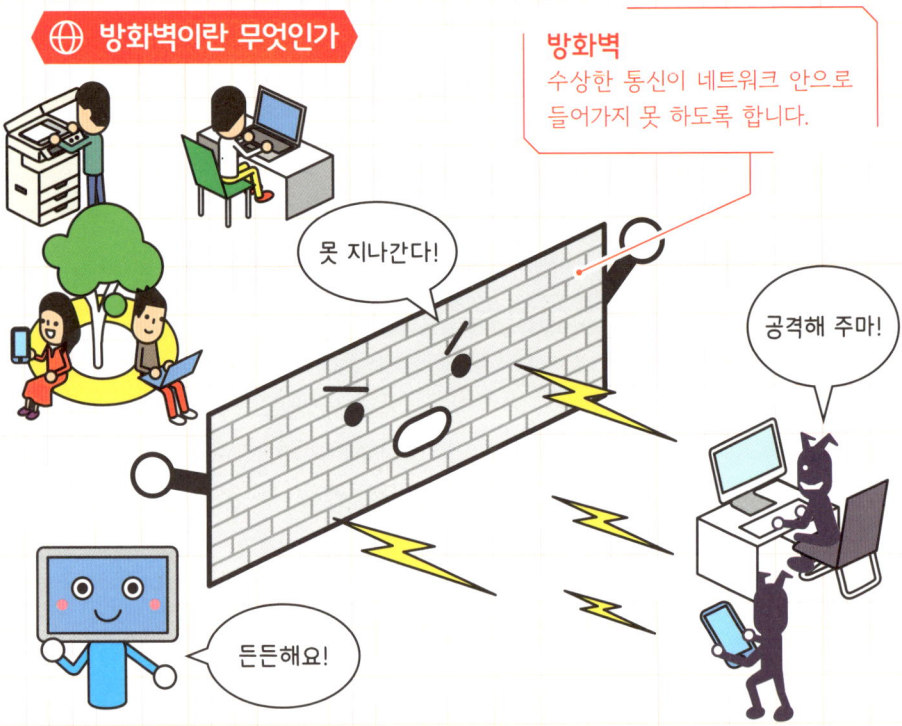

방화벽
수상한 통신이 네트워크 안으로 들어가지 못 하도록 합니다.

못 지나간다!

공격해 주마!

든든해요!

수상한 통신을 차단합니다

네트워크가 인터넷과 연결되는 곳에 방화벽을 세워놓으면, 외부로부터 수상한 통신을 차단해 줍니다. 예를 들어 <u>수상한 IP주소(네트워크에 연결된 기기에 할당된 인터넷상의 주소)를 등록해 두면 그 주소로부터의 공격을 막는 것이 가능해지는 거예요.</u>

외부의 멀웨어로부터 컴퓨터를 지켜요

컴퓨터에 설치된 '보안 소프트웨어'도 네트워크 바깥에서 오는 공격으로부터 컴퓨터를 보호해 줍니다. 보안 소프트웨어를 만드는 회사들은 우리 모두의 컴퓨터를 지키기 위해 지금도 새로운 멀웨어를 연구하고 있답니다.

🌐 **보안 소프트웨어**

업데이트된 보안 소프트웨어

새로운 멀웨어에 대응합시다

새로운 멀웨어와 맞설 수 있어요!

새로운 멀웨어가 완성됐다!

늘 고마워요

 도구만으로는 모두 막기 힘들어요

방화벽이나 보안 소프트웨어를 사용하고 있다고 해도 안심할 수는 없어요. '수상한 파일은 열지 않는다', '수상한 웹페이지에는 접속하지 않는다' 등의 기본 수칙을 꼭 지켜야 한답니다.

Chapter 4-09

외부뿐만 아니라 내부도 믿을 수 없다고요?!

'제로 트러스트(Zero trust)'란 누구도 믿지 않는다는 생각이에요. 정보 보안에 있어서는, 네트워크 외부와 내부를 가리지 않고 모두 위험하다고 생각해야 한다는 뜻이에요.

🌐 네트워크 내부에도 위험 요소가 많아요

잘 생각해 보면 내부도 위험해요

오랫동안 '네트워크 외부가 위험하다'라고 생각해왔어요. 하지만 최근에는 '네트워크 내부와 외부 관계없이 위험하다'라는 인식이 퍼지고 있어요. 그래서 '제로 트러스트'라고 불리는 보안 구조가 늘어나고 있답니다.

클라우드나 원격 근무로 '보안'에 대한 상식이 바뀌었어요

34페이지에서 소개한 클라우드를 이용한 서비스가 늘어나서, 회사 내부의 정보가 외부의 서비스와 접촉하는 일이 많아졌어요. 게다가 원격 근무(회사 외의 장소에서 일하는 것)가 늘어나면서, 회사 외부에서 회사 내부 네트워크에 접속하는 사람도 많아졌죠. 이렇게 내부와 외부의 경계가 흐릿해지고 있어요. 제로 트러스트는 네트워크 내부의 컴퓨터라도 안전하지 않다고 판단해 엄격한 인증을 거치도록 합니다.

내부와 외부가 구분되지 않아요

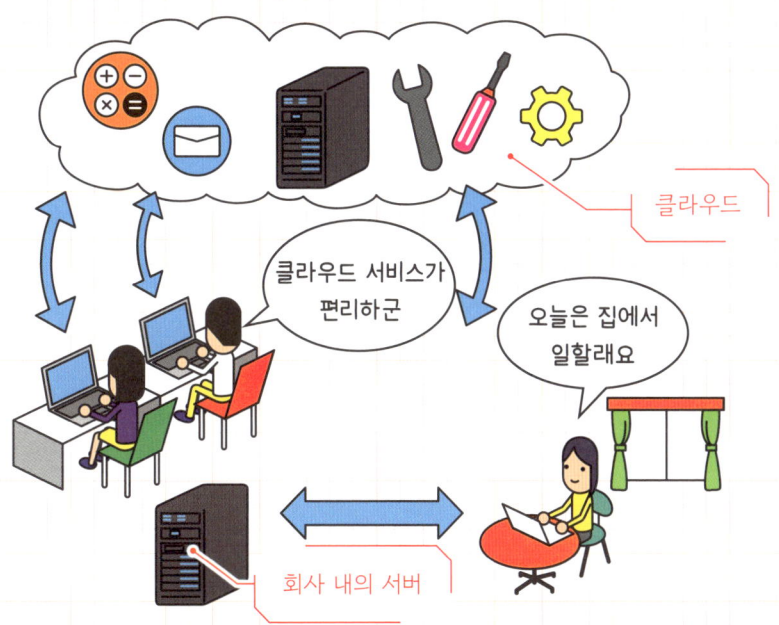

 '외부·내부 모델'과 '제로 트러스트'를 구분합시다

네트워크의 내부까지 엄격하게 감시한다는 '제로 트러스트'는 든든하지만 관리하기 힘들다는 단점이 있어요. 지금까지 사용되어온 '외부·내부 모델'과 함께 제로 트러스트를 어디에 어떻게 적용하면 좋을지 판단하는 것이 중요합니다.

Chapter 4-10
정보 보안을 지키는 사람에게 상금을 줍니다!

정보 보안의 중요성이 널리 알려지면서, 보안 담당자나 취약점을 발견한 사람에게 상금을 지급하는 시스템도 생겨나기 시작했답니다.

사고가 안 일어나는 게 당연하다고?

정보 보안을 담당하는 사람들은 중요한 것들을 지키기 위해 매일 노력하고 있습니다.

보안을 지키는 사람은 눈에 띄지 않아요

우리가 매일 안전하게 시스템을 사용한다는 것은 <u>정보 보안을 지키는 사람들의 노력과 모두가 보안에 신경 써서 이루어진 기적과도 같은 일이랍니다</u>. 하지만 보안을 지켜 주는 사람들의 노력은 눈에 잘 띄지 않아요. '사고가 일어나지 않는 것이 당연해'라고 생각하기 때문이에요.

취약점을 발견한 사람에게 상금을

최근에 회사의 시스템이나 제품의 보안상 취약점을 발견해 보고하는 직원에게 상금을 주는 회사가 나타났어요. 이제부터는 이런 **정보 보안을 강화하기 위해 노력한 사람들을 제대로 평가하는 시스템**을 만들어 가는 것도 중요해질 거라고 생각해요.

사원 모두가 안전에 신경 씁니다

직원 / 회사

📝 **버그 바운티(취약점 보상 제도)는 예전부터**

시스템상의 취약점을 회사 밖의 사람에게 찾게 해서 보수를 지급하는 제도를 '버그 바운티(취약점 보상 제도)'라고 불러요. 구글이나 마이크로소프트, 라인 등 많은 회사들이 이미 버그 바운티 제도를 이용하고 있답니다.

Chapter 4
정보 보안 복습 퀴즈

1 인터넷을 통해 다른 네트워크나 기기를 공격하는 범죄는 무엇인가요?

- A 사이버 공격
- B 인터넷 공격
- C 멀웨어

2 디지털 기술을 사용하지 않고 중요한 정보를 훔치는 수법은 무엇인가요?

- A 물웅덩이 (워터링홀) 공격
- B 소셜 엔지니어링 공격
- C 패스워드 공격

3 '비밀번호 + IC 카드'와 같이 다른 유형의 인증을 조합하는 인증 방법은 무엇인가요?

- A 2단계 인증
- B 다중 요소 인증
- C 스케빈저링

정답은 155 페이지에!

Chapter 5

컴퓨터를 마음대로 움직여보자!
프로그래밍

세상의 모든 디지털 기술이
프로그래밍으로 움직이고 있어요.
디지털 시대를 만들어 가는 데 빠질 수 없는
프로그래밍에 대해 배워봅시다.

Chapter 5-01

컴퓨터 프로그램은 '운동회 프로그램'과 비슷해요

컴퓨터를 움직이기 위한 프로그램은 운동회의 프로그램과 거의 똑같은 구조로 되어 있어요. 그렇게 어렵게 생각할 필요가 없다는 뜻이에요.

해야 할 일을 위에서부터 순서대로 써요

운동회 프로그램은 시작부터 끝까지 어떤 순서로 진행되는지 쓰여 있어요. 사실 컴퓨터에게 일을 지시하기 위한 프로그램도 이와 똑같아요. 컴퓨터가 해줬으면 하는 일을 위에서부터 순서대로 써 나가는 것이 프로그래밍의 기본입니다.

프로그램에는 3가지 기본 형태가 있어요

3가지 형태를 기억해 두면 알기 쉬운 프로그램을 만들 수 있어요. 해줬으면 하는 일을 위에서부터 순서대로 늘어놓는다는 것이 첫 번째 형태예요. 상황에 따라서 해줬으면 하는 일이 다르면 상황을 '분기'한다는 것과 컴퓨터에게 같은 일을 시킬 때는 '반복'한다는 것이 두 번 째와 세 번째 형태입니다.

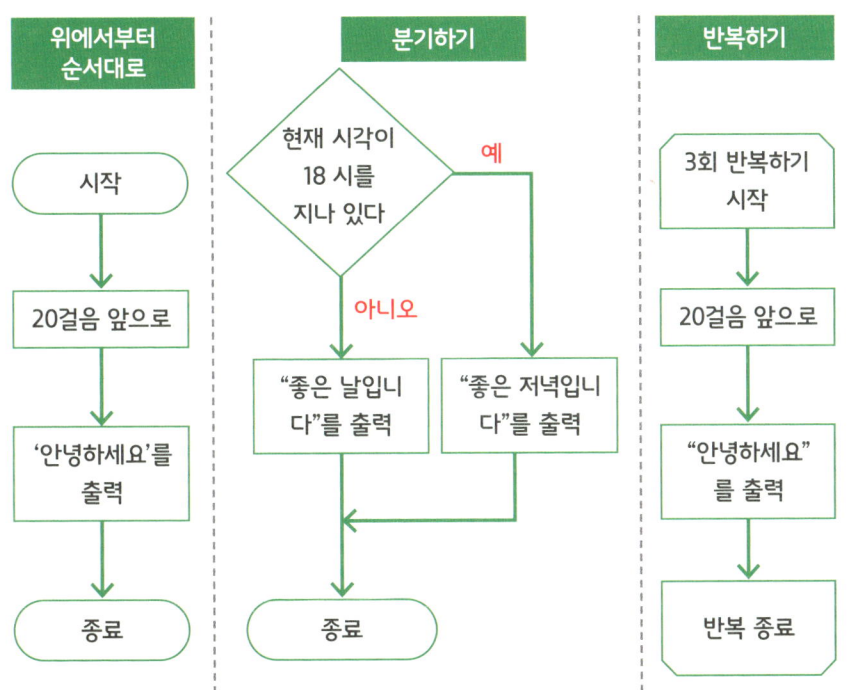

 뒤죽박죽 꼬여버린 '스파게티 코드'

잘 정리되지 않아서 읽기 힘든 프로그램을 '스파게티 코드'라고 해요. 서로 뒤엉킨 스파게티 면발 같다는 뜻이에요. 작성한 사람만 이해할 수 있는 프로그램이라면 수정하기 어렵다는 등의 문제가 있어요.

▶Chapter 5-02
자세하게 지시하지 않으면 컴퓨터는 움직이지 않아요!

사람끼리 대화할 때저럼 컴퓨터에게 무언가를 지시한다면 제대로 전달되지 않는 경우가 많을 거예요. 컴퓨터에겐 '무엇을', '언제', '얼마나' 등 사람 입장에서는 지나칠 정도로 자세하게 지시해야 한답니다.

⊕ 인간과 컴퓨터에게 똑같이 지시한다면?

대충 말하면 컴퓨터는 이해하지 못해요

만약 엄마가 여러분에게 "설거지 좀 해줄래?"라고 부탁한다면, 씽크대 안에 있는 음식이 묻은 그릇을 주방세제와 수세미를 이용해 깨끗이 씻어달라는 뜻인 것을 금방 알아요. 하지만 <u>컴퓨터에게 프로그램을 작성해서 지시할 때는 이렇게 한마디로 해서는 안 된답니다.</u>

해야 할 일을 세세하게 분해해서 지시해요

사람은 상대방의 부탁이 어떤 의미인지 스스로 생각해 가면서 일을 할 수 있지만, 컴퓨터는 그렇게 하는 것이 불가능해요. 그러니까 <u>컴퓨터가 일하는 도중에 멈추지 않도록 하기 위해서는 해줬으면 하는 일을 매우 세세하게 부분 부분 나눠서 지시할 필요가 있는 거예요.</u>

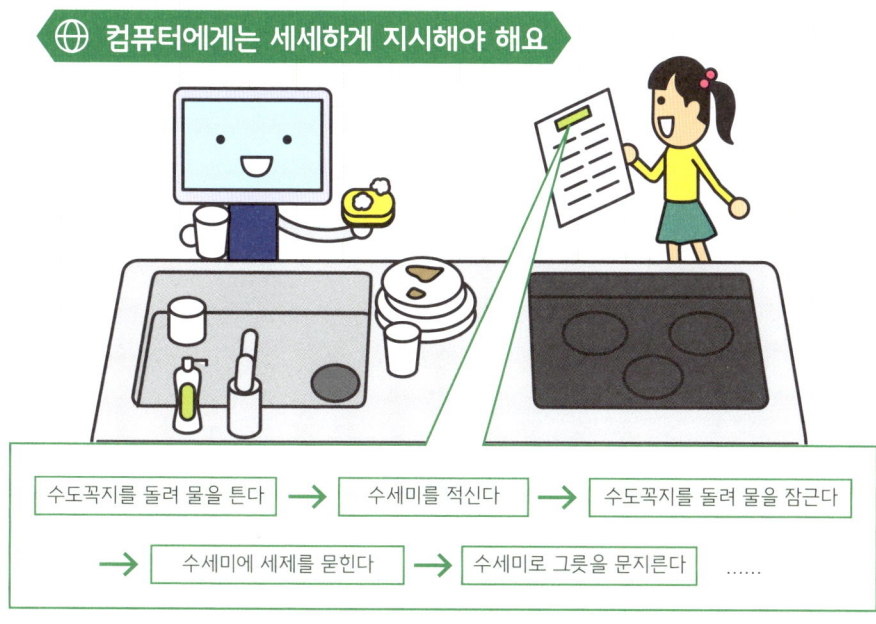

⊕ 컴퓨터에게는 세세하게 지시해야 해요

수도꼭지를 돌려 물을 튼다 → 수세미를 적신다 → 수도꼭지를 돌려 물을 잠근다 → 수세미에 세제를 묻힌다 → 수세미로 그릇을 문지른다 ……

이렇게 지시해도 컴퓨터에게는 어려운 일이에요. "수도꼭지는 어느 정도 돌려야 하지?", "세제는 어느 정도 묻혀야 하지?", "수세미로 몇 번 문질러야 하지?" 등의 의문 사항이 생기기 때문이에요.

 오차 없이 반복할 수 있는 것이 컴퓨터의 강점

컴퓨터의 강점이라면 한 번 작성된 프로그램에 따라 작업을 빠르게 반복할 수 있다는 점이에요. 사람이라면 한마디로 끝날 지시를 세세하게 분해하면서 프로그램을 작성하는 것은 이런 이유 때문입니다.

▶Chapter 5-03
정사각형을 그려 달라고 할 때는 어떻게 지시해야 할까?

정사각형이나 성삼각형을 그리는 프로그램을 민들고 싶다면, 지시하는 사람이 그 도형의 특징에 대해 잘 알고 있어야 합니다.

⊕ 정사각형을 그리는 프로그램

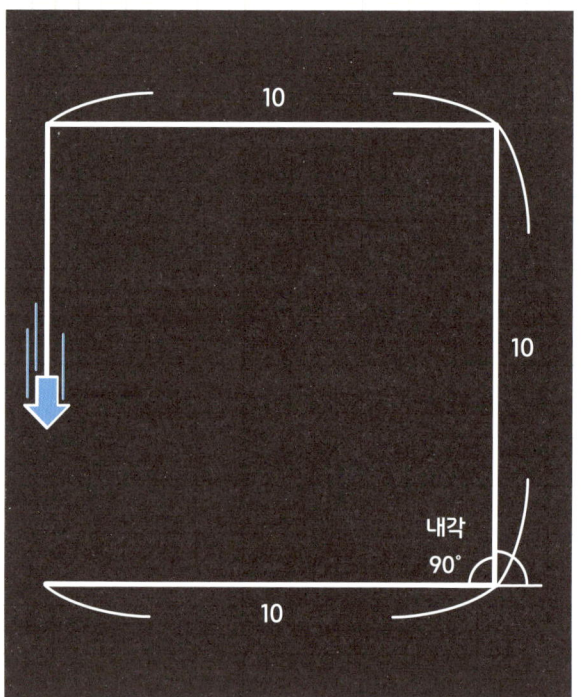

정사각형이란 무엇일까?

컴퓨터에게 정사각형을 그려 달라고 할 때, 위의 그림과 같이 지시할 수 있어요. 정사각형의 특징인 '<u>모든 변의 길이가 같다</u>', '<u>4개의 내각의 크기가 모두 90도</u>'라는 것을 이해하고 있어야 프로그램을 작성할 수 있습니다.

프로그램으로 이해하는 정삼각형의 특징

정삼각형은 어떤 도형일까요? 정사각형과 같이 모든 변의 길이는 같고, 3개의 내각은 모두 60도예요. 하지만 여기서 '왼쪽으로 60도 회전하기'라고 지시해 버리면 정삼각형을 그릴 수 없답니다. 왜 그런지 알아보아요.

⊕ 정삼각형을 그리는 프로그램

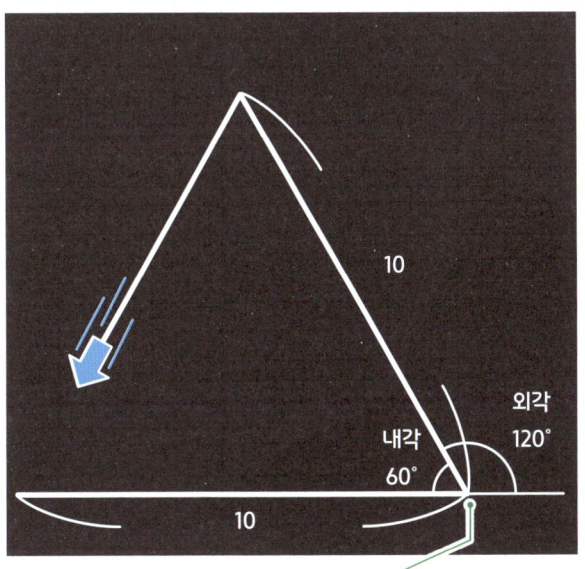

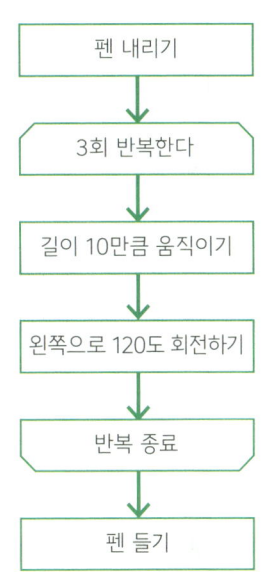

여기서 '왼쪽으로 60도 회전하기'라고 지시하면 선이 이상한 방향을 향하게 됩니다.

지시한다는 것은 쉬운 일이 아니군요

'반복'을 사용해 깔끔한 프로그램을 작성해 봅시다

같은 지시를 계속할 때에는 131페이지에서 소개한 '반복'을 사용해보세요. 읽기 쉬운 프로그램이 될 뿐만 아니라 실수할 일도 줄어든답니다.

▶Chapter 5 - 04
컴퓨터와 대화할 때는 특별한 언어를 사용합니다

프로그램을 작성해서 컴퓨터에게 일을 지시힐 때에는 어떤 말로 헤야 할까요? 인간의 언어와 컴퓨터의 언어를 연결하는 '프로그래밍 언어'를 사용합니다.

⊕ 프로그래밍 언어

프로그래밍 언어는 대부분 영어와 기호 등으로 구성됩니다.

컴퓨터는 인간의 언어를 이해하지 못해요

인간이 평소에 사용하고 있는 언어로 지시해도 컴퓨터는 움직이지 않아요. 컴퓨터에게 어떤 지시를 할지 결정했다면, 그것을 프로그래밍 언어로 바꿔 주어야 한답니다. 프로그래밍 언어에는 수많은 종류가 있지만, 영어나 수식에 가까운 것들이 많아요.

인간의 언어와 기계의 언어를 연결해주는 '프로그래밍 언어'

사실, 사람이 쓴 프로그래밍 언어 그대로를 컴퓨터가 이해하는 것은 아니에요. 왜냐하면 컴퓨터는 '기계어'라는 다른 언어를 쓰기 때문이에요.

⊕ 인간의 언어 vs. 컴퓨터의 언어

인간의 언어
한국어, 영어 등 사람들이 평소 사용하는 언어를 컴퓨터는 이해하지 못합니다.

프로그래밍 언어
사람이 하고 싶은 일을 컴퓨터에게 전달하기 위해 사용하는 언어. 프로그래밍 언어가 기계어로 번역※ 되어 컴퓨터에게 전달됩니다.

기계어
0과 1의 조합으로만 이루어진, 컴퓨터가 쓰는 언어. 인간이 기계어를 읽고 쓰는 것은 어렵습니다.

※ '컴파일러' 또는 '인터프리터'라는 프로그램을 사용해 번역됩니다.

 우리말을 바로 기계어로 번역할 수는 없을까?

한국어뿐만 아니라 인간이 쓰는 언어를 바로 기계어로 번역하는 일은 정말 어렵습니다. 말은 매우 섬세해서 듣는 사람이나 상황에 따라서도 의미가 달라지기 때문입니다.

Chapter 5-05
프로그래밍 언어에는 많은 종류가 있어요

수많은 프로그래밍 언어들은 각기 다른 특징을 가지고 있어요. 이제부터 어떤 언어가 어떤 특징을 가지고 있는지 자세히 알아보기로 해요.

가장 널리 사용되는 언어예요!

가장 많이 사용되는 'C언어'

프로그래밍 언어 중에서 가장 유명한 것이 C언어예요. 에어컨이나 냉장고 같은 가전부터 스마트폰의 어플리케이션 등, 다양한 곳에 사용되고 있어요. 1972년에 개발된 오래된 언어이지만 'C++', 'C#' 등의 진화형도 개발되어서, 시대를 뛰어넘어 계속 사용되는 언어라고 할 수 있어요.

AI 시대에 주목받는 '파이썬'

AI의 프로그램 대부분에 사용되는 파이썬(Python)은 <u>미래를 이끌어 갈 프로그래밍 언어로 주목받고 있습니다.</u> 1991년에 탄생한 비교적 새로운 언어여서, 다른 프로그래밍 언어가 가진 문제점들을 해결한 것도 인기의 비결 중 하나랍니다.

하나의 프로그램을 다양한 컴퓨터에서 쓸 수 있는 '자바'

대부분의 프로그래밍 언어에 있어서, 특정 운영체제※에서 사용하도록 만들어진 프로그램을 다른 운영체제에서 사용하는 것이 불가능해요. 하지만 '자바(Java)'는 컴퓨터 안의 '숨겨진 컴퓨터'에서 프로그램을 실행함으로써, <u>하나의 프로그램을 다른 컴퓨터나 스마트폰 등 다양한 운영체제에서 사용할 수 있어요.</u>

※ 운영체제(Operating System: OS)란 컴퓨터를 움직이기 위해 필요한 기본 소프트웨어예요. 윈도우나 맥 OS 등이 대표적입니다.

웹사이트를 풍부하게 자바 스크립트

'자바 스크립트(JavaScript)'는 웹페이지에서 많이 사용되는 언어예요. 웹사이트를 볼 때 문자나 이미지가 단조롭게 나열되어 있는 페이지는 조금 심심하죠? <u>자바스크립트를 사용하면 영상이나 문자 디자인이 역동적으로 보이는 웹페이지를 만들 수 있답니다.</u> 이름은 비슷해도 자바와 자바스크립트는 다른 언어랍니다.

새로운 페이지가 완성됐다!

역동적으로 움직이는 웹페이지를 만들 수 있어요.

웹페이지에 지도 기능을 삽입하는 것처럼 시스템과 시스템을 연결하는 데 적합합니다.

사이 좋게 지내요

새로운 언어 '고'와 '루비'

'고(Go)'는 2021년 구글이 만든 프로그래밍 언어인데, C 언어가 너무 복잡하고 귀찮아서 개발했다고 해요. '루비(Ruby)'는 1995년 만들어진 언어로 간단하고 단순한 프로그램을 만드는 데 적합하대요. <u>이렇게 새로운 프로그래밍 언어가 계속 개발되고 있어요.</u>

애플 제품의 프로그래밍 언어는 '스위프트'

'스위프트(Swift)'는 미국의 애플이 개발한 프로그래밍 언어예요. <u>아이폰이나 맥 등에서 사용하는 프로그램 대부분이 이 언어로 작성되어 있어요.</u> 프로그램을 작성하는 중간 과정에서도 어떻게 작동하는지 확인할 수 있다는 것이 스위프트의 특징이랍니다.

여러분, 스위프트를 사용해서 멋진 소프트웨어를 만들어주세요

하나의 언어를 배우면, 두 번째는 금방 배울 수 있어요

프로그래밍 언어는 수없이 많지만, 기본적인 원리는 모두 비슷하다고 할 수 있어요. 그래서 하나의 언어를 습득한다면 다른 언어는 쉽게 배울 수 있습니다.

Chapter 5-06
블록 쌓기처럼 간단한 프로그래밍 언어도 있어요!

글자나 기호가 아닌, 블록이나 아이콘 등을 이용해 프로그램을 만들 수도 있어요. 이런 것들을 '비주얼(시각적) 프로그래밍 언어'라고 하는데, 초등학교 수업에서 많이 사용되는 '스크래치(Scratch)'가 대표적 사례입니다.

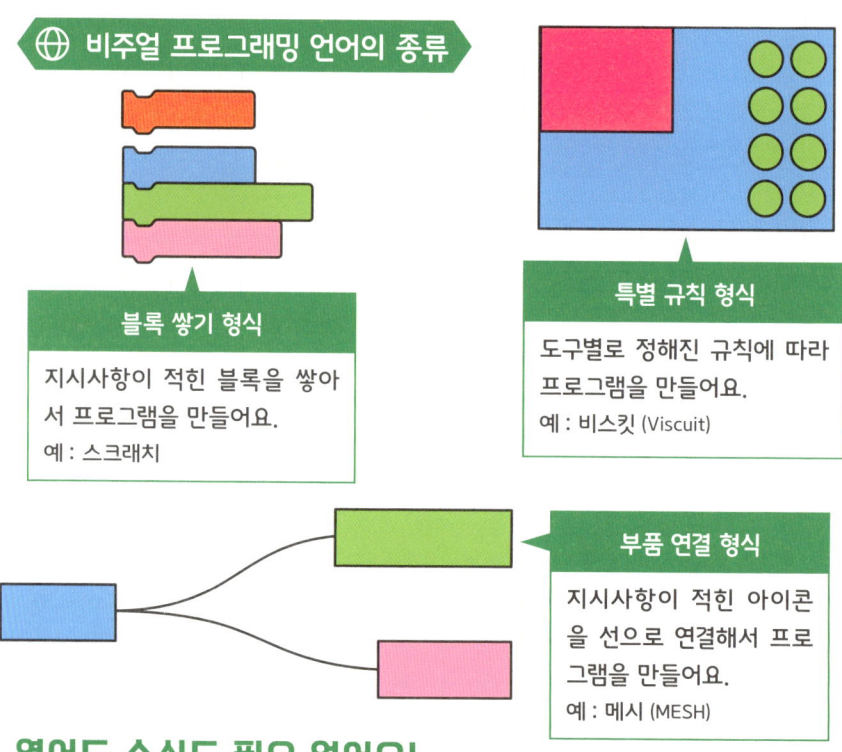

비주얼 프로그래밍 언어의 종류

블록 쌓기 형식
지시사항이 적힌 블록을 쌓아서 프로그램을 만들어요.
예 : 스크래치

특별 규칙 형식
도구별로 정해진 규칙에 따라 프로그램을 만들어요.
예 : 비스킷 (Viscuit)

부품 연결 형식
지시사항이 적힌 아이콘을 선으로 연결해서 프로그램을 만들어요.
예 : 메시 (MESH)

영어도 수식도 필요 없어요!

프로그래밍을 해보고 싶은데, 시작부터 C언어나 파이썬 등의 프로그래밍 언어를 배우는 것은 조금 어려울 수 있어요. 하지만 비주얼 프로그래밍 언어를 사용하면 간단한 조작으로 프로그래밍의 원리를 이해할 수 있게 된답니다.

블록을 쌓아서 프로그래밍하는 '스크래치'

스크래치는 '○만큼 움직이기', '○도 회전하기' 등의 <u>지시가 쓰여진 블록을 쌓아 올리는 것으로 캐릭터나 아이템을 움직이는 것이 가능한</u> 프로그래밍 언어입니다. 언뜻 보기에는 게임 화면 비슷하지만, 130~131페이지에서 소개한 프로그래밍의 기본을 잘 지키지 않으면 캐릭터를 원하는 대로 움직이게 할 수 없어요.

왼쪽에 있는 지시 블록을 선택해서 쌓아 올립니다.

쌓아 올린 지시대로 캐릭터나 아이템이 움직입니다.

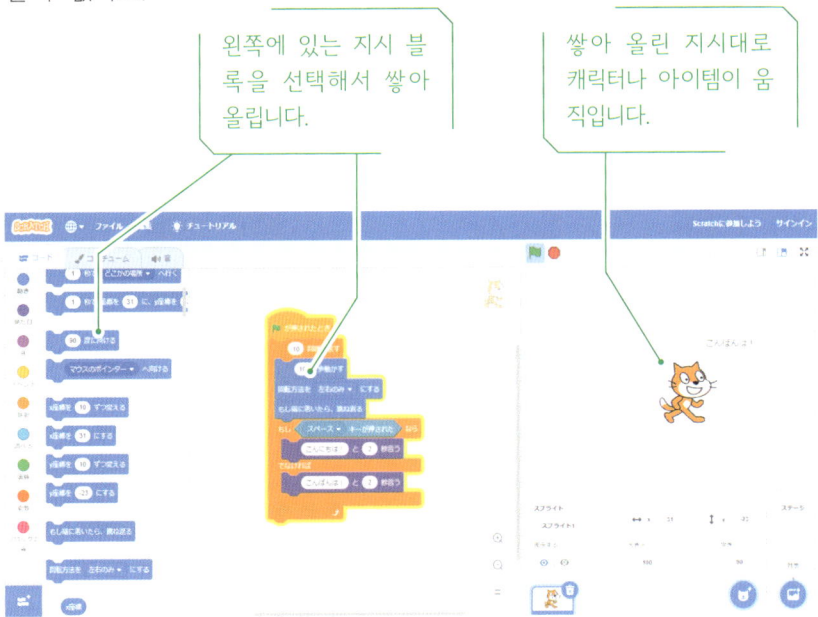

https://scratch.mit.edu/
스크래치로 프로그래밍하고 있는 화면.
131페이지에 등장한 '반복'이나 '분기'도 사용할 수 있습니다.

 인기 게임에서 탄생한 비주얼 프로그래밍 언어(VPL)

'마인크래프트'는 원하는 대로 공간을 만들어가는 게임인데, 창의력을 기를 수 있는 도구로 주목받았어요. 2016년에는 마인크래프트 교육판이 등장해서, 게임을 즐기면서 프로그래밍도 배우는 것이 가능해졌답니다.

Chapter 5-07
왜 모두가 프로그래밍을 배워야 하는 걸까?

왜 초등학교 수업 시간에 프로그래밍을 가르치는 걸까요? 프로그래밍을 배워서 컴퓨터를 움직일 수 있게 되는 것은 물론이고, 그 밖에도 다양한 능력을 키울 수 있기 때문이에요.

좋은 프로그램을 만들려는 것이 아니에요

우리나라는 2025년부터 초등학교와 중학교에서 프로그래밍(코딩) 교육이 필수 과목이 된다고 해요. 프로그래밍 언어의 사용법을 완벽하게 익히는 것이 목표가 아니에요. <u>미래를 만들어갈 주인공들의 '컴퓨팅 사고력'을 키워주기 위해서입니다.</u>

컴퓨팅 사고를 할 수 있게 됩니다

컴퓨터에게는 사람 사이의 대화 같은 애매한 지시가 통하지 않아요. 조금이라도 논리적이지 않은 지시를 하면 컴퓨터는 생각한 대로 움직여 주지 않아요. 컴퓨팅 사고에 익숙해지면, 문제에 부딪혔을 때도 <u>논리적인 사고로 적절한 해결법을 생각해낼 수 있게 된답니다.</u>

잘 작동하지 않는 정삼각형 프로그램

문제를 발견해서, 해결 능력을 키워요

애초에 프로그램을 만들어서 컴퓨터에게 일을 시키는 이유는 무엇일까요? 계산할 것이 많아서 시간과 노력이 많이 들거나 웹사이트가 보기 힘들다거나와 같은 문제를 해결하기 위해서입니다. 그러니까 <u>프로그래밍을 통해서 문제를 찾아내서 해결하는 능력을 키울 수 있는 거예요.</u>

모든 일에 필요한 '관리 능력'

큰 문제를 해결하기 위해서는 모두가 힘을 합쳐 프로그램을 만들어야 해요. 그때 필요한 것이 '관리하는 능력'입니다. <u>누가 어떤 일을 맡을지, 언제까지 무엇을 해야 할지 등을 상세하게 결정해 나가야 하는 거예요.</u> 이런 관리 능력은 어떤 일을 하든지 꼭 필요하고 중요하답니다.

프로그래밍은 컴퓨터와의 커뮤니케이션

인간은 많은 언어를 사용하지만, 컴퓨터는 0과 1밖에는 사용하지 않아요. 인간과 컴퓨터는 많이 다르기 때문에 지시를 제대로 전달하기 힘들 때도 있답니다. 프로그래밍은 다른 문화나 사고방식을 가진 사람에게 자신의 생각이나 지시를 어떻게 전달할 수 있을지 생각해보는 공부가 될 수 있어요.

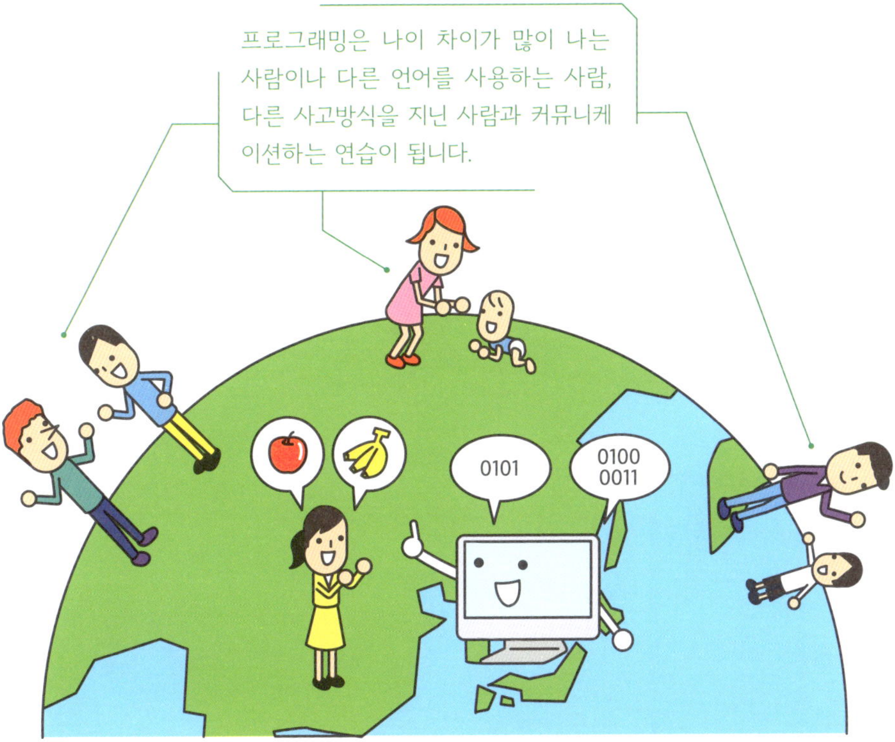
프로그래밍은 나이 차이가 많이 나는 사람이나 다른 언어를 사용하는 사람, 다른 사고방식을 지닌 사람과 커뮤니케이션하는 연습이 됩니다.
0101
0100
0011

전 세계가 프로그래밍(코딩)을 배우고 있어요

최근 전 세계적으로 프로그래밍을 배우려는 열풍이 불고 있어요. 현재 미국, 영국, 인도, 일본의 초등학교와 중학교 등에서 프로그래밍을 가르치고 있습니다.

▶Chapter 5-08
마법 같은 기술도 모두 프로그램으로 되어 있어요

어떤 편리한 디지털 기술도 마법이 아닙니다. 모두 사람이 만든 프로그램으로 가능해진 거예요. '나도 할 수 있다'라는 생각을 가지고 그 원리를 알아보아요.

스마트폰은 프로그램의 집합체

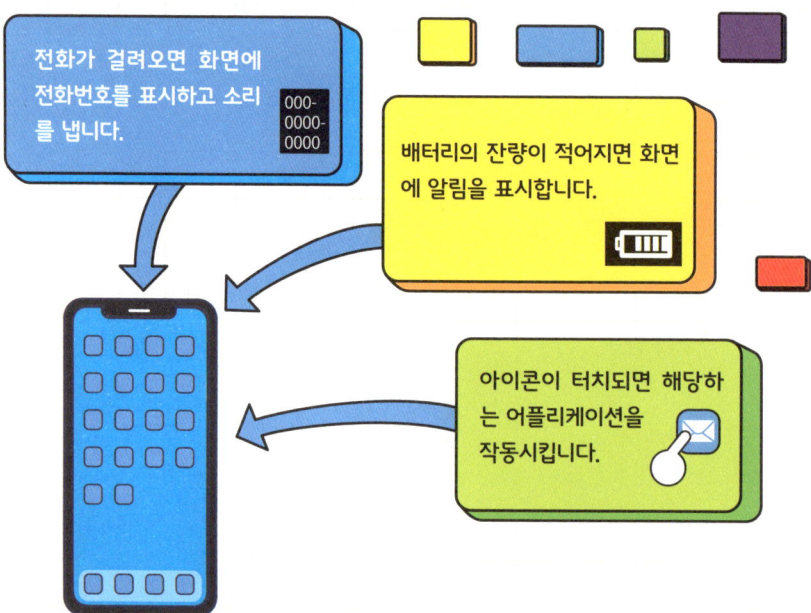

'마법'이 아니라 '상세한 지시의 집합'입니다

많은 일을 할 수 있는 스마트폰도 매우 작고 간단한 프로그램이 수없이 모여서 만들어진 거예요. 이해할 수 없을 만큼 복잡한 원리로 움직이고 있는 것처럼 보이지만, 사실은 사람이 하고 싶은 것을 하나씩 컴퓨터에게 전달해서 완성된 것입니다.

'모르겠다'라고 생각해 버리면 아무것도 할 수 없어요

편리한 디지털 기술을 '나는 이해할 수 없는, 무언가 복잡한 원리로 작동하고 있다'라고 생각하는 사람이 많아요. 그렇다면 망가졌을 때나 더 좋은 방향으로 바꾸고 싶을 때 아무것도 할 수 없게 됩니다. <u>아주 어려워 보이는 기술도 '인간이 만든 프로그램으로 되어 있다'라고 생각하는 것이 아주 중요하답니다.</u>

망가져도 고칠 수 없어요
시스템이 언제나 자동으로 움직여 준다고 믿고 있으면, 고장이 났을 때 아무것도 할 수 없게 됩니다.

큰일났다!

어떻게 되어 있는 거야?

더 편리하게 바꾸고 싶은데...

개선할 수 없어요
시스템이 어떤 원리로 움직이고 있는지 모른다면, 시스템을 개선하기 위한 방법도 알 수 없습니다.

방법을 모르겠으니까 포기하자

 알면 걱정이 사라져요

새로운 디지털 기술이 등장하면 'AI에게 일자리를 빼앗길지도 몰라'라는 등의 걱정과 불안이 생기게 됩니다. 이런 디지털 기술에 대한 두려움이나 불안은 그 원리를 안다면 줄어들게 될 거예요.

▶ Chapter 5-09
프로그래밍 실력을 갈고 닦으면 세상을 바꿀 수 있을까?

세계적으로 유명한 IT 기업의 회장보다 프로그래밍 실력이 좋은 사람은 수없이 많아요. 프로그래밍 실력을 갈고 닦는 것보다 더 중요한 것이 있다는 뜻입니다.

⊕ '직접 프로그램을 만들지 않는' 유명 기업의 창업자

스티브 잡스

IT 기업 '애플'을 설립하고 아이폰이나 맥 등 혁신적인 제품들을 발표해 세상을 놀라게 했습니다. 하지만 제품을 개발할 때, 잡스가 직접 프로그램을 만드는 일은 드물었다고 합니다.

제프 베이조스

온라인 쇼핑몰로 유명한 '아마존'을 설립해 전 세계적인 회사로 성장시켰어요. 베이조스는 아마존을 설립했을 당시에만 직접 프로그램을 만들었다고 합니다.

프로그램을 만들지 않고도 디지털 기술을 탄생시킨 사람들

잡스나 베이조스처럼 세상을 바꾼 디지털 기술을 탄생시킨 경영자가 직접 프로그램을 만드는 것은 아니랍니다. 디지털 기술로 세상을 바꾸기 위해서는, <u>프로그래밍 실력뿐만 아니라 뛰어난 아이디어를 내는 것이 중요합니다.</u>

아이디어를 실현하기 위한 프로그래밍 지식

좋은 아이디어를 떠올리는 것은 훌륭한 일이지만, 그 아이디어로 세상을 바꾸기 위해서는 디지털 기술의 도움을 받아야 합니다. 기껏 좋은 아이디어를 떠올려도 그것을 어떻게 구현할지(프로그래밍의 원리)를 모른다면, 실현되기가 어렵기 때문입니다.

⊕ '좋은 아이디어'와 '프로그래밍 지식'이 세상을 바꿉니다

| 좋은 아이디어를 가진 사람 | 좋은 아이디어와 프로그래밍 지식을 가진 사람 | 프로그래밍 실력이 뛰어난 사람 |

디지털 기술로 세상을 바꾸기 위해서는 좋은 아이디어와 그것을 구현하기 위한 프로그래밍 지식이 필요합니다.

어떤가요 여러분, 새로운 시대의 시작입니다

 프로그래머에게 아이디어를 전달하자!

잡스나 베이조스는 자신의 아이디어를 프로그래머에게 잘 전달할 수 있을 정도의 지식을 갖고 있었기에 성공할 수 있었다고 할 수 있어요.

Chapter 5
프로그래밍 복습 퀴즈

1 컴퓨터가 사용하는 0 과 1만으로 이루어진 언어는 무엇인가요?

- A C 언어
- B 프로그래밍 언어
- C 기계어

2 AI 를 만드는 데 자주 사용되는 프로그래밍 언어는 다음 중 무엇인가요?

- A 스크래치
- B 파이썬
- C 자바스크립트

3 블록이나 아이콘 등을 조합해서 간단히 프로그램을 만들 수 있는 프로그래밍 언어를 무엇이라고 하나요?

- A 루비
- B 비주얼 프로그래밍 언어
- C 스위프트

정답은 155 페이지에!

찾아보기

알파벳과 숫자

AR(증강현실)	082
BMI(Brain-machine Interface)	078
C언어	138
CSIRT(컴퓨터 보안사고 대응팀)	119
IoT 테러	121
IP 주소	122
LPWA(저전력 광역통신 기술)	067
MR(혼합현실)	082
OpenAI	047
SR(대체현실)	083
SNS	101
USB 메모리	109
VR(가상현실)	082
XR(확장현실)	082
21세기의 석유	075
2진수	026
4G/5G/6G	066
10진수	026

ㄱ

가용성	104
가짜 AI	039
강 인공지능	038
기계어	137
기밀성	104
기지국	066

ㄷ

다리 문제	055
다중 요소 인증	117
대화형 AI	048
도스 공격	109
딥 러닝	042

ㄹ

라우터	032
로블록스	093
루비	140

ㅁ

마이데이터	076
멀웨어	108
모여봐요 동물의 숲	092
무결성	104
무차별 대입 공격	115
미러월드	097

ㅂ

바둑 AI	038
배터리	07
방화벽	122
버그 바운티	127
보안 위협	107
비지도학습	041
비주얼 프로그래밍 언어(VPL)	142

153

ㅅ

사이버 공격	108
생성형 AI	046
생체 기반 인증	116
센서	062
소셜 엔지니어링 공격	112
소유 기반 인증	116
숄더 서핑	112
스마트 더스트	070
스마트 워치	062
스위프트(Swift)	141
스케빈저링	113
스크래치(Scratch)	143
스토리지	035
스티브 잡스	150
스파게티 코드	131

ㅇ

아날로그	024
아바타	088
약 인공지능	038
어플리케이션 소프트웨어	034
역 무차별 대입 공격	115
워터링홀 공격	111
이동통신 시스템	066
인공 신경망	042

ㅈ

자바(Java)	139
자바스크립트(JavaScript)	140
자율비행 드론	009
전자책	029
정보은행	076

제로 트러스트	124
제페토	091
제프 베이조스	150
중국어의 방	049
지도학습	040
지식 기반 인증	116

ㅊ

챗GPT	047
취약점	107

ㅋ

커넥티드 볼	064
컴퓨터 바이러스	109
컴퓨팅 사고	144
클라우드(클라우드 컴퓨팅)	034

ㅌ

튜링 테스트	048
트롤리 딜레마	054
특징량	042

ㅍ

파이썬(Python)	139
포트나이트	093
표적형 공격	111
프로그래밍 교육	144

ㅎ

해저 케이블	033
헤드 마운트 디스플레이	082

복습 퀴즈의 정답

36 페이지
Chapter 0
디지털의 기본

① B ② A ③ B

60 페이지
Chapter 1
AI

① C ② B ③ B

80 페이지
Chapter 2
IoT

① C ② B ③ C

102 페이지
Chapter 3
메타버스

① B ② C
③ A, B, C

128 페이지
Chapter 4
정보 보안

① A ② B ③ B

152 페이지
Chapter 5
프로그래밍

① C ② B ③ B

주요 참고문헌

※ 처음 배우는 AI 리터러시

※ 사고로부터의 도주

※ 그림으로 이해하는 사이버 시큐리티

※ 메타버스란 무엇인가 인터넷상의 '또 하나의 세상'

※ 이제와서 물을 수 없는 IT 상식

※ 프로그래밍 교육은 필요 없어 GAFA 에 필요한 능력이란 ?

※ 실황 ! 비즈니스력 양성 강의 프로그래밍 / 시스템

STAFF

기획 · 편집 :	니와 유타로 , 호소야 켄지로
일러스트 :	카모이 타케시
본문 디자인 :	벳푸 타쿠 , 오쿠다이라 나츠키 (Q.design)
커버 디자인 :	사카이 유카리 (Q.design)
DTP :	하타 · 미디어공방주식회사

인공지능 세상에서 주인공 되기

초판 1쇄 | 2024년 1월 10일

감수 | 오카지마 유시
펴낸이 | 설응도
영업책임 | 민경업

옮긴이 | 성재복
편집주간 | 안은주
디자인 | 임윤지

펴낸곳 | 라의눈

출판등록 | 2014년 1월 13일 (제 2019-000228 호)
주소 | 서울시 강남구 테헤란로78길 14-12(대치동) 동영빌딩 4층
전화 | 02-466-1283   팩스 | 02-466-1301

문의 (e-mail)
편집 | editor@eyeofra.co.kr
마케팅 | marketing@eyeofra.co.kr
경영지원 | management@eyeofra.co.kr

ISBN 979-11-92151-67-0 73500

이 책의 저작권은 저자와 출판사에 있습니다.
저작권법에 따라 보호를 받는 저작물이므로 무단전재와 복제를 금합니다.
이 책 내용의 일부 또는 전부를 이용하려면
반드시 저작권자와 출판사의 서면 허락을 받아야 합니다.
잘못 만들어진 책은 구입처에서 교환해드립니다.

DEJITARU NO MIRAI ZUKAN
Copyright © Yushi Okajima / G.B.company 2023
All right reserved.
Original Japanese edition published by G.B.company Tokyo, Japan.
Korean edition is published by arrangement with G.B.company through AMO Agency.

이 책의 한국어판 저작권은 AMO에이전시를 통해 저작권자와 독점 계약한 라의눈에 있습니다.
저작권법에 의해 한국 내에서 보호받는 저작물이므로 무단 전재와 무단 복제를 금합니다.